UNION CENTRALE
DES
ARTS DÉCORATIFS

CATALOGUE

PARIS

ARTS DÉCORATIFS

1882 — EXPOSITION — 1882

LE BOIS, LES TISSUS, LE PAPIER

—⁂—

CATALOGUE

DES ŒUVRES ET DES PRODUITS MODERNES

EXPOSÉS DANS LE PALAIS DE L'INDUSTRIE

PARIS

QUANTIN, IMPRIMEUR-ÉDITEUR

7, RUE SAINT-BENOIT

1882

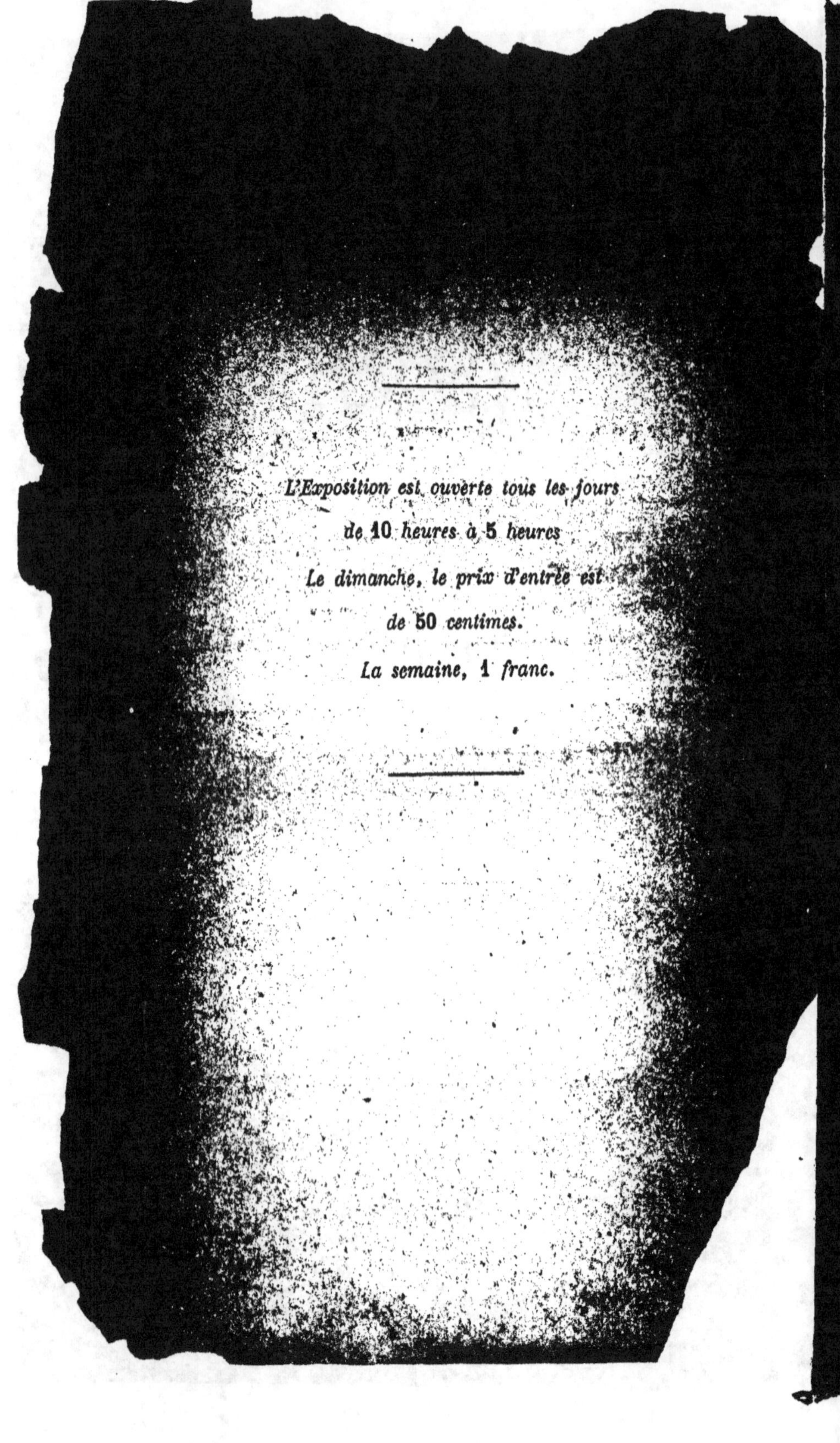

L'Exposition est ouverte tous les jours
de 10 heures à 5 heures
Le dimanche, le prix d'entrée est
de 50 centimes.
La semaine, 1 franc.

TABLE DES MATIÈRES

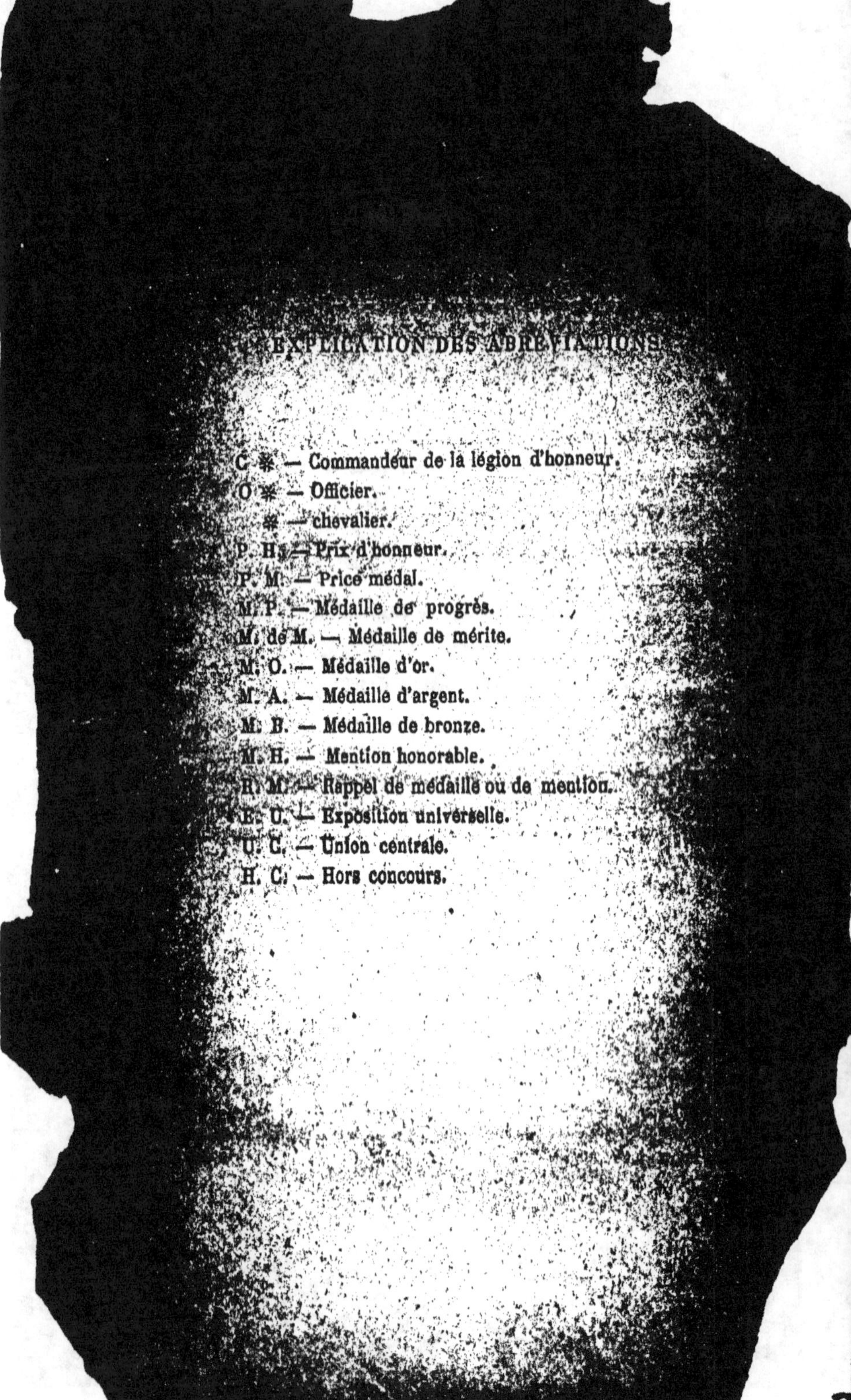

EXPLICATION DES ABRÉVIATIONS

C ✳ — Commandeur de la légion d'honneur.
O ✳ — Officier.
✳ — Chevalier.
P. H. — Prix d'honneur.
P. M. — Price medal.
M. P. — Médaille de progrès.
M. de M. — Médaille de mérite.
M. O. — Médaille d'or.
M. A. — Médaille d'argent.
M. B. — Médaille de bronze.
M. H. — Mention honorable.
R. M. — Rappel de médaille ou de mention.
E. U. — Exposition universelle.
U. C. — Union centrale.
H. C. — Hors concours.

ARTS DÉCORATIFS

Reconnue d'utilité publique par décret du 15 Mai 1882

3, PLACE DES VOSGES

COUP D'OEIL RÉTROSPECTIF

Nous conformant à une tradition constamment suivie par l'Union centrale, nous croyons devoir, dans la rédaction du Catalogue de la section moderne de nos Expositions, rattacher le passé au présent, et mettre sous les yeux des lecteurs l'histoire de l'Exposition précédente. Aussi nous ne pensons pouvoir mieux faire que de reproduire les discours prononcés à la distribution des récompenses, le 21 novembre 1880, par MM. Édouard André, président de l'Union centrale, Turquet, sous-secrétaire d'État des Beaux-Arts, et Henri Bouilhet, président de l'Exposition.

Ces discours, présentés sous forme de comptes rendus, résument d'une façon complète les résultats de l'Exposition, en même temps qu'ils initient le public aux efforts et aux travaux de la Société.

M. Edmond Turquet, sous-secrétaire d'État des Beaux-Arts, parlait en remplacement de M. le Ministre de l'Instruction publique et des Beaux-Arts; il était assisté de M. Édouard André, président de l'Union centrale, de M. l'amiral Cloué, ministre de la marine, de M. Bouilhet, président de l'Exposition, de M. de Ronchaud, secrétaire général des Beaux-Arts, de M. le général Pittié, de MM. Dalloz et Guillaume, présidents des jurys, et d'un grand nombre de notabilités artistiques.

[...] croie devoir y insister et en retracer l'histoire de notre [...] serait d'ailleurs, mauvaise grâce à le faire devant M. le sous-secrétaire d'État, chargé de représenter à cette solennité M. le ministre de l'instruction publique et des beaux-arts, qui a attaché son nom à l'introduction de l'enseignement du dessin dans les programmes universitaires, et dont la pré[sence] au milieu de nous est la plus haute sanction donnée à la poursuite persévérante d'un grand but national, le progrès incessant et le ferme maintien de la suprématie de nos industries d'art.

M. le sous-secrétaire d'État vous dira, mieux que je ne pourrais le faire, l'intérêt qu'il porte à toutes les manifestations de libre initiative, à tous les plans individuels et spontanés en vue du bien général. J'ai mission [d'adres]ser à M. le sous-secrétaire d'État, ainsi qu'à M. le secrétaire [général] des beaux-arts, nos plus chaleureux remerciements pour tous les [témoign]ages de sympathie et d'encouragement qu'ils ont donnés à l'Union centrale.

Je dois encore remercier M. le ministre de la marine et des colonies, qui a bien voulu répondre à notre invitation et se souvenir en notre faveur de sa qualité d'ancien élève de cette École nationale des arts décoratifs qui nous est chère à tant de titres.

L'Union centrale ne peut oublier de remercier publiquement aussi M. le [se]crétaire général de la direction des beaux-arts et M. le général Pitti[é], chef de la maison militaire du Président de la République, qui ont bien [vou]lu, il y a quatre mois, assister à l'ouverture de l'exposition actuelle, [en]vers lesquels l'Union centrale a contracté une dette de reconnaissance.

MESDAMES, MESSIEURS,

Vous êtes conviés aujourd'hui à constater avec nous les résultats de notre 6ᵉ exposition, consacrée aux arts du Métal. Il nous a paru qu'un [dou]ble avantage sur les expositions générales était attaché au mode des [ex]positions spéciales et divisionnaires : d'abord en permettant de présent[er au] public un ensemble plus complet, dans un cadre mieux déterminé ; [en] second lieu, en facilitant l'appréciation des progrès accomplis par [cha]que établie dans le cycle des industries d'art qui viennent ainsi [partici]per au concours à de plus longs intervalles. Telle production, [réction]naire pendant deux années, peut subir, durant une période [plus] longue, de profondes modifications, sinon une transformation [...]. [Consta]ter et encourager ces progrès, faire ressortir l'enseignement qui [en] découle, tel est le double but que nous nous sommes constamment [pro]posé et qui a été sûrement atteint, j'ose le dire avec un légitime orgueil.

[illegible] dans les métaux [illegible] ou les plus métaux précieux, ont répondu à notre appel et ont été frappés des efforts considérables et heureux que font nos ateliers célèbres pour sauvegarder la prépondérance française dans la lutte engagée avec les pays voisins. C'est à l'Union centrale que revient l'honneur d'avoir organisé la résistance et, si je puis ainsi dire, cette noble *Ligue du bien public* contre l'invasion étrangère.

Les admirables collections du musée rétrospectif sont venues compléter l'exposition du Métal. C'est dans la comparaison entre le génie des siècles morts et le génie moderne, dans la contemplation des grandes œuvres du [illegible], que le travailleur est saisi de l'irrésistible désir de se compléter, de se perfectionner. Les formes, les modèles, les types admirés fermentent en quelque sorte dans l'esprit et surexcitent la pensée.

Les détails comme les grandes lignes, les reliefs comme les silhouettes s'assemblent et se combinent, se fixent ou se dégagent, et de ce travail d'assimilation jaillit l'idée nouvelle.

À la suite du musée du Métal se trouvent les salles réservées aux modèles et maquettes des peintres, sculpteurs et architectes décorateurs. [illegible] travaux de ces maîtres n'ont rien à redouter du voisinage de l'exposition rétrospective, où cependant la fleur des merveilles de l'art décoratif [illegible] dans un [illegible] éclat. Ces maîtres, vous les connaissez [illegible], vous avez eu ici le privilège de pouvoir surprendre le mystère de leur atelier, d'examiner à loisir leurs ébauches et leurs maquettes, et de vous livrer à cette étude, toujours si attrayante, de la genèse de leurs chefs-d'œuvre. Par des manifestations très diverses, mais émanant d'une commune inspiration, ils sont venus contribuer à l'ornementation de ces galeries, qui, comme le chemin de grande communication, je serais tenté de dire le [illegible] sacrée, conduisant de l'Union centrale au Musée des arts décoratifs, [illegible] société, sœur de la nôtre, qui grandit à côté d'elle, confondant avec [illegible] ses aspirations et ses efforts.

Maintenant il me reste à remercier encore, au nom de l'Union, tous [illegible] qui ont travaillé à l'œuvre commune.

À vous, messieurs, membres de la commission consultative, des comités [illegible] des jurys de l'industrie et des écoles; à vous, membres du [illegible] de patronage et exécutif du musée rétrospectif; à vous, collaborateurs désintéressés, professeurs, artistes, artisans, industriels, au nom de l'Union centrale, je vous dis merci, et je vous donne rendez-vous [illegible] À vous encore, élèves des écoles de dessin, nos jeunes et chers collaborateurs dans l'œuvre désintéressée que nous poursuivons pour [illegible] la gloire et la prospérité de la France !

Mesdames et Messieurs,

[Le] président du conseil, ministre de l'instruction publique et [des] beaux-arts, aurait été heureux de se rendre à votre invitation et de venir [pré]sider votre distribution des récompenses. Des devoirs impérieux [le] [réc]lament. Il m'a délégué l'honneur de le représenter et il m'a prié [de] [vous] remercier en son nom pour les progrès dont vous sont redevables [les] industries d'art.

[Ce] n'est pas devant vous, messieurs, qu'on pourrait accuser l'initiative [privée] de faire défaut à la France. Les premiers, vous avez compris [ce qu'il] était un, et quel était son rôle prépondérant dans la plupart des [industries. En face des progrès croissants de l'étranger dans toutes [les] branches du travail, qui valent surtout par la culture et l'affinement du [goût], au lieu de vous borner à jeter des cris d'alarme et à implorer [le se]cours de l'État, vous vous êtes mis résolument à l'œuvre, et, groupant [les] bonnes volontés, vous avez marché sans relâche vers le but à atteindre. [Com]ment avez-vous pu réussir à l'aide de vos seules forces? Il n'y a pas [à s']étonner. Ne possédiez-vous pas en vous les seuls véritables [ressorts de] toute œuvre humaine, le sentiment commun de la réforme à réaliser, [en] même temps que celui du service à rendre au pays?

[Il] ne m'appartient pas, messieurs, de noter le chemin parcouru. [D'au]tres que moi auront autorité pour vous rappeler la naissance de [cette so]ciété, désintéressée entre toutes, qui, depuis quinze années, en dépit [de] rudes épreuves imposées au pays, a su, à l'aide de ses seules ressources, [créer] une bibliothèque unique en son genre, ouvrir des expositions, [insti]tuer des concours, organiser des conférences, et enfin provoquer, [trop] heureux de lui rendre ce public hommage, provoquer, dis-je, et [obt]enir cette importante réforme de l'enseignement du dessin, [cons]acrer un fait accompli.

[Ah! mes]sieurs, le lieu m'est en vérité favorable pour parler de l'avenir, [à] vous qui l'avez si laborieusement préparé au milieu de ce palais qui [est le] champ de bataille pacifique où vous avez livré vos premiers combats, où [vous] venez de remporter une nouvelle victoire, plus éclatante encore [que celles] qui l'avaient précédée, entre tant de richesses, marquées [toutes] au goût français, témoins éloquents de vos efforts et de vos progrès

... après avoir rappelé les [...]
célèbre aujourd'hui la victoire de toute cette légion de généreux
[...]

Quant à moi, messieurs, je suis heureux de vous féliciter aujourd'hui
comme je l'étais, il y a deux semaines, de dire toute ma pensée au
[...] du musée céramique et de l'école des beaux-arts de Limoges,
[...] d'initiative aussi, qui ont rendu des services signalés à leur
[...] ainsi qu'à l'État.

Il n'est que juste, d'ailleurs, de rapprocher de vous, dans ces [...]
[...] félicitations, une autre société sœur de la vôtre, qu'une intelligente
[...] a associée à votre exposition : je veux parler du Musée des arts
décoratifs. La création de ce musée est une de ces entreprises qui
honorent ceux qui l'ont conçue, en attendant que le pays ait compris les
avantages qu'il en peut retirer. Il ne tiendra pas à moi, messieurs, que
[...] avantages ne soient signalés à l'attention des pouvoirs publics, qui ne
manqueront pas de me donner les moyens de vous aider dans le développement d'une œuvre nationale au premier chef.

Votre exemple a déjà porté ses fruits. On commence à s'occuper sur
[...] points du territoire de la création de musées industriels, précieux
[...] de l'enseignement et de l'atelier, source féconde pour l'éduca-
[...] du peuple, si excellemment stimulé par le spectacle des yeux.

Croyez, messieurs, qu'ici comme en mainte autre occasion, le gouvernement de la République, s'il applaudit à votre initiative, n'entend pas
pour cela rester spectateur oisif de vos efforts. J'en prends à témoin
[...] ministre de la marine, qui a voulu, lui aussi, assister à cette [...]
[...] couronner les élèves que vous avez appelés à vos concours, et, parmi
[...] lauréats de l'École nationale, dont il a été un des brillants élèves
[...] en devenir un des plus éminents protecteurs.

Le gouvernement, vous disais-je, a pris à cœur de poursuivre la tâche
[...] vous aviez entreprise, et, soutenu par l'appui significatif du parlement,
[...] a pu réaliser d'importantes réformes. Voulez-vous me permettre de
[...] les rappeler brièvement ?

C'est d'abord la création d'une inspection spéciale de l'enseignement
du dessin, confiée à des hommes expérimentés et dévoués. L'enquête [...]
[...] soins dans toute la France nous a permis, en appréciant [...]
[...] du mal, de chercher immédiatement les moyens d'y remédier.
Une commission fut chargée de préparer un projet de réorganisation
[...] l'enseignement du dessin dans les établissements universitaires
[...] par le ministre lui-même, qui avait à cœur de ne rien né[...]

[...] écoles normales [...] Les premiers ont déjà reçu [...] conseil supérieur de l'instruction publique; les autres ne tarderont pas à être soumis.

Pour les écoles de beaux-arts et de dessin des départements, si diverses par leurs tendances respectives ainsi que par leurs organisations, établies pour la plupart en vue des besoins locaux, il n'était pas possible, il eût même été dangereux de vouloir arrêter des programmes précis, enveloppant dans un moule unique des enseignements qui avaient leurs raisons de demeurer différents. Un conseil de surveillance et de perfectionnement a été institué auprès de l'administration des beaux-arts; il a pour principale mission d'assurer l'unité générale de la méthode et de l'appliquer aux spécialisations des diverses écoles.

Son premier soin a été d'établir un musée pédagogique de l'enseignement du dessin, sorte de répertoire où sont réunies toutes les collections de modèles, parmi lesquels il n'y a qu'à choisir au fur et à mesure des besoins qui sont signalés. En même temps, des séries nouvelles ont été créées, d'autres sont à l'étude. Nous avons déjà pu, cette année, répartir nos envois de modèles entre près de deux cents établissements. C'est un grand pas de fait, sans doute ; car vous savez mieux que personne, messieurs, l'influence considérable qu'exerce le choix des modèles sur la direction de l'enseignement. Les modèles sont le corollaire obligé de la méthode. Nous les possédons désormais, et, grâce à la réorganisation des ateliers de moulage, nous allons avoir les moyens de les produire en aussi grande quantité qu'ils nous seront demandés.

La méthode fixée et les modèles choisis, il nous restait à faire profiter les écoles des départements des bienfaits que leur assurait la générosité du parlement. Ici la tâche nous a été rendue facile par l'empressement des municipalités. Notre plan, d'ailleurs, était simple : dans les petites villes où il n'existait pas de cours spécial de dessin, nous nous sommes efforcés d'en faire créer un, destiné surtout aux ouvriers et aux apprentis; dans les villes où le cours existait, nous avons obtenu qu'il fût étendu, parfois qu'il devînt une véritable école comprenant plusieurs branches d'enseignement. Enfin, là où des écoles fonctionnaient déjà, nous n'avons négligé aucun sacrifice pour leur accorder tout le développement dont elles étaient susceptibles. Nous nous appliquons maintenant à organiser des écoles régionales, abondamment pourvues de tous les éléments nécessaires à leur complet fonctionnement : modèles d'architecture, d'anatomie et de stéréotomie, moulages des chefs-d'œuvre de la sculpture, reproductions gravées et photographiées des principales toiles des galeries puissent trouver dans leur départements les moyens de se préparer à venir à Paris conquérir leurs diplômes. Au lieu d'une école normale spéciale pour les professeurs de dessin, nous aurons ainsi, dans douze ou quinze écoles de province, des sortes de cours normaux exclusivement réservés aux futurs professeurs, et en même temps que nous accordons aux municipalités les subventions nécessaires pour la création de ces cours, nous fondons des bourses d'études en faveur des jeunes gens qui nous ont particulièrement signalés.

Déjà deux sessions ont eu lieu pour ces examens : le nombre des candidats, le mérite des élus et, par-dessus tout, le nombre de ceux qui nous demandent des programmes pour s'y préparer, tout s'accorde à nous prouver combien cette création était nécessaire. Les professeurs de dessin cessent désormais d'être considérés comme enseignant un art d'agrément; ils sont sur le même pied que leurs collègues des autres enseignements; ils ont leurs cours normaux, leurs bourses d'études et leurs diplômes.

Définition de la méthode; rédaction de programmes pour les établissements d'enseignement secondaire et primaire; installation d'un musée pédagogique; choix de modèles; cours normaux, bourses et diplômes pour les professeurs; collections de tout ordre pour les écoles municipales; pour les élèves, prix de livres, de livrets de caisse d'épargne, et, à votre exemple, messieurs, fondations de bourses de voyage; création de cours de dessin partout où il n'en existait pas; organisation de grandes écoles régionales où seront enseignées les applications de l'art à l'industrie : voilà, messieurs, ce que nous avons fait et ce que nous cherchons à faire.

Sans doute, tout n'est pas fait. Il est, d'ailleurs, des buts qui semblent reculer à mesure qu'on se rapproche d'eux. C'est ce qui se produit dans tout ce qui touche à l'éducation, et surtout à l'éducation populaire. Il convient à une démocratie comme la nôtre, consciente des besoins de tous ceux qui la composent, de placer bien haut son devoir, et de se préoccuper sans relâche de l'amélioration du sort de chacun de ses membres : elle aura contribué pour une large part, quand, à quiconque l'aura voulu, elle aura donné la véritable émancipation, en lui assurant des moyens de travail.

C'est là, messieurs, ce que vous avez si merveilleusement compris, vous tous dont la vie est intimement liée à celle de l'ouvrier, et vous, esprits éclairés, qui avez apporté à l'œuvre commune le concours de votre zèle et de votre amour de tout ce qui se rapporte aux choses de l'art. Soyez-en tous félicités, messieurs, car l'œuvre est bonne et les résultats en seront durables.

Et vous, jeunes élèves qui m'écoutez, rapportez dans vos écoles et dans

DISCOURS DE M. HENRI BOUILHET

Président de l'Exposition

MESDAMES ET MESSIEURS,

Quelques jours à peine nous séparent du moment où seront dispersées les splendeurs que le palais des Champs-Élysées avait abritées sous [...]; à la fin de cette semaine, l'exposition du Métal de 1880 aura vécu. Permettez à celui des membres du conseil de l'Union centrale que [ses] collègues avaient plus particulièrement chargé du soin de présider [à son organi]sation, de vous retracer en peu de mots les idées qui l'ont fait [naître, les] résultats qu'elle a produits et les conséquences que nous somme[s en] droit d'en espérer pour l'avenir.

Dans les cinq expositions que l'Union centrale a déjà organisées, tout[es] les industries qui relèvent de l'art avaient été appelées, toutes avaie[nt plus] ou moins donné les preuves de leur vitalité, la mesure de leurs progr[ès]. Si une leçon d'ensemble se dégageait de ces expositions, elles n'offraie[nt] pas au travailleur qui veut s'instruire, au producteur qui cherche à se per[fec]tionner, à l'amateur et à l'artiste, une étude suffisamment complè[te de] leur art de prédilection.

À un degré moins intense que dans les expositions universelles, où la curiosité du public, sollicitée de tous côtés à la fois, s'émousse au contact de tant de merveilles accumulées sur un même point, nos expositions géné[r]ales présentaient une sorte de confusion qui pouvait charmer le visiteur par la variété, mais où les produits, se disputant l'intérêt sans méthode au [pro]grès des exposants, obligeaient celui qui veut comparer et s'instruire à un effort considérable pour concentrer son attention et dégager l'objet de son étude.

C'est pour obvier à cet inconvénient que l'Union centrale s'est résolue à faire ses expositions divisionnaires, qui, prenant la matière comme b[ase] d'une classification rationnelle, devaient marquer un nouveau progrès [et] un développement.

Nous avons classé toutes les industries auxquelles l'art et le goût peuvent apporter une modification heureuse, dans l'ordre logique qu[e] désignaient les matières qu'elles emploient.

Nous avons appelé en premier les industries du métal, nou[s]

passer entre les [...] que les industriels, habiles à les transf-
ormer en leur imprimant la marque souveraine de l'art et du goût, accomplis depuis l'Exposition universelle de 1878.

C'est vous dire d'avance le charme et l'intérêt que présentera une exposition dans laquelle seront réunies les œuvres du mobilier et de la tenture dont les combinaisons ingénieuses embellissent nos demeures et sont
[...] du foyer de la famille; — où l'on verra les splendeurs du costume
et les recherches de la toilette que la mode, avec une fertilité d'imagination
que rien n'arrête, transforme et assujettit au caprice du moment, en im-
posant des lois que le monde entier s'empresse d'accepter, lorsque la Pari-
sienne les a dictées dans sa souveraineté féminine; — où se trouveront enfin
les innombrables transformations du papier, dont les feuilles, réunies ou
dispersées, éveillent les premières sensations de notre intelligence, con-
sacrent les œuvres de l'imagination et du goût, enregistrent les décou-
vertes de l'esprit humain, ou charment les heures de notre solitude.

Comme cette année, nous organiserons, pour 1882, des concours entre
les Artistes et entre les industriels. Si les résultats obtenus en 1880 n'ont
pas été, pour toutes les industries, aussi brillants que nous l'aurions désiré,
il n'est pas moins certain que les efforts faits dans quelques-unes, et les
remarquables produits qui en ont été la conséquence, sont de nature à
[...] engager à persévérer dans cette voie; et, comme le temps est un
puissant facteur dans la création des objets d'art et de goût, l'Union centrale se mettra à l'œuvre au lendemain même de l'exposition pour préparer
les nouveaux programmes de ses prochains concours.

Nul doute que les industries du mobilier, du costume et du livre ne
[...] fassent assister à un spectacle vraiment digne de l'intérêt que nous
portons à leur développement.

Ceux de nos industriels qui sont venus cette année ont admirablement
compris le but que s'était proposé l'Union centrale, et ils ont montré par
l'organisation de leurs expositions respectives, que le programme qui leur
avait été donné avait été bien conçu. Les plus anciens et les plus raison-
nables représentants de l'industrie du métal, comme les plus nouveaux et
plus modestes, ont tenu à honneur de figurer dans ce premier concours [...]
affirmer leur sympathie pour l'œuvre que nous poursuivons.

Leur nombre doit satisfaire les ambitions les plus exigeantes; 562 exposants, en effet, parmi lesquels 321 appartenant aux industries du métal,
ont répondu à notre appel. En 1876, l'Exposition générale des industri[es]
[...] n'en avait réuni que 502, et celle de 1874, dont on se rappelle [le]
succès, n'en avait compté que 282.

Si l'industrie s'est empressée d'accourir et si le nombre de nos expo[sants]

moyens indignes du but élevé que poursuit l'Union centrale [...]
Société, qui a conscience de la grandeur de sa tâche, répugne aux [...]
bitions tapageuses et se déclare satisfaite, lorsqu'elle voit la qualité du
visiteur et l'intérêt qu'il apporte à ses études remplacer le nombre des
oisifs et la curiosité vulgaire des indifférents.

Si nous exprimons un regret, c'est que notre ambition est haute, car le
public avide d'apprendre n'a pas manqué au spectacle auquel nous l'avions
convié. Dimanche 14 novembre, le nombre des entrées constatées était de
194,891. A pareille époque, en 1876, il n'était que de 190,043, et nous ne
comprenons pas dans ces chiffres les entrées gratuites que nous avons libé-
ralement distribuées.

Enfin, nous avons la certitude aujourd'hui que la totalité des recettes
passera celles de 1876, qui étaient déjà en progrès sur les années précé-
dentes.

Ces résultats, nous les devons à vous tous, messieurs les exposants,
nous les devons aussi à ceux qui nous ont aidés dans l'accomplissement de
notre œuvre; nous leur en adressons nos vifs remerciements : à M. Bézile,
notre secrétaire général, dont l'activité ne s'est pas ralentie un instant;
à M. Lorain, notre architecte, qui, frappé dans ses plus chères affections
de famille, au début de notre exposition, n'en a pas moins donné à notre
œuvre un concours aussi habile que dévoué. Nous ne devons pas non plus
oublier dans l'expression de notre gratitude les hommes d'intelligence, de
savoir et de goût qui, dans nos différents comités d'initiative, nous ont
apporté l'autorité de leur expérience et l'appui réconfortant de leur pré-
sence et de leurs conseils. Sans eux, l'Union centrale aurait eu grand'peine
à réunir un si grand nombre d'exposants, à donner tant d'éclat à l'exposition du Métal. — A tous, nous disons : Merci.

Mais ce n'était pas tout d'avoir préparé l'exposition du métal, de l'avoir
ouverte et conduite à bon port, il fallait encore résumer l'enseignement
qui se dégageait du spectacle que tant d'œuvres remarquables avaient offert
au public.

C'était là l'œuvre du jury; l'Union centrale tient à le remercier tout
entier, dans la personne de son président général, M. Paul Dalloz, et des
présidents de section, MM. Carrier-Belleuse, Fontenay, Barbedienne,
Victor Paillard. Pendant près de deux mois, il a étudié, comparé, jugé,
enfin laissé dans des rapports remarquables les traces vivantes et lumi-
neuses de ses délibérations.

L'Union centrale ne les enfermera pas dans ses archives; avant peu ils
seront publiés, et plus heureux que les lauréats de l'Exposition universelle
qui attendent encore la publication des rapports de 1878, nos exposants

[illegible]
[illegible]
intéressés à les connaître.

Ces rapports présentent un véritable tableau d'ensemble de l'état des arts du métal en 1880, plusieurs d'entre eux pourraient servir de dernier chapitre aux ouvrages que publie M. René Ménard sur l'art du métal, ou que publiera bientôt, nous l'espérons, M. Paul Mantz, lorsqu'il voudra bien venir à notre grande joie, les remarquables études qu'il a faites depuis vingt ans sur l'orfèvrerie de tous les temps et de tous les pays.

A l'exposition moderne du métal nous avons eu la bonne fortune d'ajouter l'exposition de l'œuvre la plus considérable peut-être qu'un architecte ait jamais produite. Les objets en métal exécutés sous la direction de Viollet-le-Duc et les merveilleux dessins que le maître a faits pour les orfèvres, les bronziers, les plombiers, les serruriers de notre temps, ont confirmé à ceux qui le savaient, ont révélé à ceux qui l'ignoraient, l'influence considérable qu'un architecte de génie peut exercer dans les industries décoratives.

Enfin, cette année, par une innovation heureuse, l'Union centrale avait appelé les artistes décorateurs à présenter au public, dans un cadre bien approprié, où dans les mêmes salles, tableaux et sculptures, dessins et maquettes se compléteraient sans se nuire, un ensemble de leurs travaux les plus remarquables.

Des peintres et des sculpteurs, des maîtres comme MM. Puvis de Chavannes, Lechevallier-Chevignard, Mazerolle, Ch. Lameire, Ehrmann, Guillaume, Carrier-Belleuse, Moreau, Train, Gauthier, nous ont initiés aux secrets de leurs ateliers, à l'enfantement de leurs œuvres. En leur ouvrant gratuitement les portes de son exposition, l'Union centrale savait bien qu'elle préparait pour les gens de goût un spectacle de haut intérêt, et pour nos industries d'art, un grand enseignement.

Et comme si les leçons écrites sur tous les murs, dans toutes les salles, du rez-de-chaussée au premier étage, n'étaient pas suffisantes, nous avons voulu que des conférences sur les arts du métal, faites par des membres de l'Institut, comme M. Charles Blanc, des membres du jury, comme MM. Moreau et Saulnier, des professeurs, comme MM. Dalsème, Reiber, Gaittard, vinssent, par l'autorité de la parole, achever l'éducation du visiteur.

Notre œuvre, pour cette année, aurait été incomplète, si nous n'avions pas réussi à doubler le succès de l'Exposition moderne par l'attrait du Musée rétrospectif du métal.

Nous ne saurions remercier assez de son zèle et de son activité la commission qui s'était chargée du soin de le former sous la présidence du sympathique directeur des Gobelins, M. A. Darcel, et avec le concours de

... affaire de démarches pour décider les amateurs à se
porairement de leurs trésors, ce qu'on a dû apporter d'ordre, de métho
de zèle, au milieu des difficultés sans nombre d'une organisation hâti
l'époque la plus chaude de l'année, pour recevoir, classer, décrir
dix mille objets, en moins de trente jours, c'est vous dire quelle recon
naissance l'Union centrale a contractée envers les membres de cette com
mission, envers les amateurs qui ont généreusement ouvert les trésors de
leurs collections, envers les érudits qui ont consigné, dans un Catalogue de
232 pages, le souvenir de ce magnifique musée. Demain, hélas! cette
luxueuse exposition va se disperser. Nous ne pouvons nous empêcher d'ex
primer un regret, en pensant que toutes ces richesses vont retourner chez
leurs heureux propriétaires, loin des regards du public, au fond d'armoire
jalouses ou de vitrines inabordables, et que le souvenir de ces assises
l'art du métal restera seul dans l'esprit de ceux qui ont eu la bonne
d'y venir fortifier leurs aptitudes et leurs aspirations.

Mais nous avons aussi la conviction que tant d'efforts n'auront pas
inutiles, et que si une société qui puise ses ressources dans l'initia
privée et dans la passion de ses membres pour tout ce qui peut contribu
à la grandeur de notre pays, a fait preuve d'une vitalité si féconde, c'
qu'il y a, au fond des idées qu'elle défend et propage, une grande cau
qu'il faut soutenir et développer.

Depuis dix-huit ans, l'Union centrale travaille au problème du relè
ment de nos industries d'art et de l'enseignement du dessin. Elle a
eu la satisfaction d'avoir vu ses idées sur l'enseignement adoptées et pro
pagées par l'État.

Depuis trois ans, une autre société née de ses entrailles, le Musée des
arts décoratifs, s'efforce de prouver qu'il est une institution nécessai

Vous savez tous qu'à l'étranger les idées que nous avons défendues ont
été mises en pratique; vous savez aussi comment elles se sont développée
à Londres, à Bruxelles, à Vienne, à Berlin, à Munich, partout, des musée
et des écoles se sont créés sur le modèle et avec les programmes que nou
avons élaborés.

Comme toujours, l'idée appartient à la France; mais, ainsi que la grai
emportée par l'oiseau voyageur passe les mers et les monts pour pren
racine sur une terre hospitalière, loin du pays qui l'a vue naître,
l'idée française est allée germer sur le sol étranger et ne reviendra
au pays natal qu'après avoir porté des fruits pour les autres.

Il est donc temps qu'aujourd'hui l'État se souvienne que notre pay
vu naître les premiers musées rétrospectifs, et que leurs collection

sion. Ces conditions, il nous eût facile de démontrer, chiffres en main, que des pays voisins ont vu l'exportation des produits de leurs industries d'art augmenter depuis quinze ans dans une large proportion, tandis que l'exportation des industries françaises, dans lesquelles l'art intervient, restait stationnaire.

C'est une ligue qu'il faut créer contre l'envahisseur. Pour ne pas porter ses armées sur notre territoire, l'étranger n'en est pas moins redoutable, lorsqu'il arrive avec les mains pleines de produits séduisants. Ce n'est pas trop de tous nos efforts, ce n'est pas trop du puissant appui de l'État pour repousser l'invasion.

Après ces discours, écoutés avec le plus vif intérêt, eut lieu la distribution des récompenses.

M. Turquet lut d'abord, au nom du ministre de l'instruction publique, l'arrêté en vertu duquel les palmes d'officier d'académie sont accordées à :

M. Turquetil, membre du Conseil d'Administration.
M. Béziès, secrétaire général de l'Union centrale.
M. Albert Gauttard, professeur de dessin.
M. Jules Gérard, collaborateur de Viollet-le-Duc.

M. Béziès, secrétaire général, proclame le nom des lauréats des concours organisés par l'Union centrale entre les écoles de dessin. Les jeunes vainqueurs viennent, à l'appel de leur nom, recevoir leur médaille et leurs prix aux applaudissements de tout l'auditoire.

Le grand prix de voyage a été remporté par M. Marcel Rouillard, élève de l'École nationale des Arts décoratifs. (Ce prix est d'une valeur de 800 francs qui doit être employée en frais de voyage.) La médaille consacrant cette récompense est remise au lauréat par M. le ministre de la marine, qui, en sa qualité d'ancien élève de l'école, a tenu à assister aux succès de ses jeunes condisciples; il félicite chaleureusement M. Rouillard de sa victoire. Celui-ci reçoit ensuite l'accolade de son directeur, M. de Lajolais, aux applaudissements de la salle entière.

La liste des exposants récompensés est lue par M. de Lajolais ; nous la reproduisons ci-après :

RÉCOMPENSES

PREMIÈRE SECTION
MODÈLES DES ARTISTES — ARTS GRAPHIQUES

DEUXIÈME CLASSE.

Hors concours.	*Médailles d'argent.*
MM.	MM.
Bartholdi.	Allouard.
Choiselat.	Gugny.
	Provost.
Médailles d'or.	
	Médaille de bronze.
Duvaux.	
Germain.	Ferville-Suan.

Mention honorable : M. Chautard.

DEUXIÈME SECTION
MÉTAUX PRÉCIEUX

TROISIÈME CLASSE.
Orfèvrerie.

Hors concours.	MM.
MM.	Christofle et Cᵗᵉ.
Bapst et Falize.	Fannière frères.

Médailles d'or.

MÉGEMOND.

TRIOULLIER frères.

Médailles d'argent.

TABURET et BOIN.

Médailles de bronze.

NICOUD.

MERLE.

Mention honorable.

FRÉNAIS.

COLLABORATEURS

Médailles d'or.

MALLET, sculpteur, maison Christofle et Cⁱᵉ.

CAMBAS, dessinateur, maison Froment-Meurice.

BRATEAU, ciseleur, maison Bapst et Falize.

LINDENEHER, sculpteur, maison Fannière frères.

BROCKS, chef d'atelier, maison Christofle et Cⁱᵉ.

PIE, émailleur cloisonneur, maison Bapst et Falize.

Médailles d'argent.

GODIN, dessinateur, maison Christofle et Cⁱᵉ.

E. GÉRARD, chef dessinateur, maison Poussielgue-Rusand.

WARET, dessinateur, maison Christofle et Cⁱᵉ.

HOUILLON-HAMEL, émailleur libre, présenté par MM. Bapst, Falize et Boucheron.

CHARDON, chef d'atelier, maison Bapst et Falize.

TROTTE, chef ciseleur, maison Christofle et Cⁱᵉ.

RENARD, ciseleur, maison Trioullier.

DELETTRE, ciseleur, maison Philippe.

LATOUR, chef d'atelier planeur, maison Christofle et Cⁱᵉ.

ROGER, chef orfèvre, maison Froment-Meurice.

FAUVEL, chef d'atelier, maison Trioullier frères.

BASTIÉ, chef orfèvre, maison Poussielgue-Rusand.

P. MÉNARD, chef d'atelier, maison Mégemond.

E. OLIVE, dessinateur, maison Bapst et Falize.

Médailles de bronze.

RICHARD DESANDRÉ, ciseleur, rappel, libre, présenté par MM. Bapst et Falize.

GLACHANT, orfèvre, rappel, libre, présenté par M. Boucheron.

GIRAUDON, ciseleur, libre, présenté par MM. Bapst et Falize.

NODIOT, ciseleur, libre, présenté par MM. Bapst et Falize.

MICHAUT, ciseleur, libre, présenté par MM. Bapst et Falize.

SENET et MASSON, graveur, libre, présenté par MM. Bapst et Falize.

A. JOURET, ciseleur, maison Fannière frères.

N. LAGRIFFOUL, ciseleur, maison Fannière frères.

GIORCELLI, graveur incrusteur, maison Christofle et Cⁱᵉ.

LUCAS, graveur sur acier, maison Christofle et Cⁱᵉ.

GARNIER, ciseleur émailleur, maison Bapst et Falize.

MM.

Mosser, ciseleur, libre, présenté par M. Mégemond.

...in, chef bijoutier, maison Froment-Meurice.

B. Gouffé, chef monteur, maison Poussielgue-Rusand.

Semet, chef fondeur, maison Christofle et Cie.

Galli, bijoutier, maison Bapst et Falize.

Idée, orfèvre, maison Trioullier frères.

Mentions honorables.

Cosson, ciseleur, libre, présenté par M. Mégemond.

Vasseur, ciseleur, libre, présenté par M. Mégemond.

H. Rose, ciseleur, maison Christofle et Cie.

MM.

[illegible], ciseleur, maison [illegible].

Beuchot, incrusteur, maison Christofle et Cie.

Heintze, orfèvre, maison Christofle et Cie.

Debans, orfèvre, maison Christofle et Cie.

Gourdon, orfèvre, maison Christofle et Cie.

Cavaroc, joaillier, maison Bapst et Falize.

Artand, orfèvre, maison Poussielgue-Rusand.

Legrand, orfèvre, maison Poussielguel-Rusand.

Mmes

Jourdain, reperceuse, libre, présentée par MM. Bapst et Falize.

Boivin, polisseuse, libre, présentée par MM. Bapst et Falize.

QUATRIÈME ET CINQUIÈME CLASSES.

Bijouterie. — Lapidairerie. — Joaillerie.

Hors concours.

MM.

Boucheron.

Duron.

Fontenay.

Fouquet.

Garreaud.

Guillemin frères.

Hubert.

Marret frères.

Massin.

Mollard.

Murat.

Roulina.

Soufflot fils et Robert.

Téterger.

Médailles d'or.

Debut et Coulon.

MM.

Héricé.

Couquaux.

Varangoz.

Gaillard fils.

Médailles d'argent.

Hagneaux.

Lamarre.

Bretillot et Cie.

A. Trélat.

Médailles de bronze.

Scaillet et Morel.

Bourcier.

Th. Rousseau.

Pain.

Vollerin-Rain.

Mentions honorables.

Mussel.

COLLABORATEURS

Médailles d'or.

MEYER (Alfred), peintre émailleur, libre, présenté par M. Boucheron.

P. LEGRAND, dessinateur, maison Boucheron.

TARD, émailleur cloisonneur, présenté par MM. Christofle et Boucheron.

Médailles d'argent.

CLAVIER, chef d'atelier, maison Garréaud.

RAULT, ciseleur, maison Boucheron.

KUYL, fabricant, libre, présenté par M. Boucheron.

MENU, fabricant, libre, présenté par M. Boucheron.

GIF et fils, fabricants, libres, présentés par MM. Debut et Coulon.

TISSOT, incrusteur, maison Boucheron.

L. BARTHE, chef d'atelier, maison Varangoz.

ROUSSEL, chef d'atelier, maison Téterger.

MARTINET, joaillier, maison Debut et Coulon.

BRUNEUR, chef d'atelier, maison Murat.

HEYDECKE, joaillier, maison Debut et Coulon.

Médailles d'argent.

MM.

[...], fabricant, libre, présenté par M. Boucheron.

GODET, dessinateur, maison Boucheron.

Luc GAILLARD, dessinateur et chef, maison Gaillard fils.

L. MORESCO, joaillier, maison Hubert.

CHALVET, chef d'atelier, maison Boucheron.

ROUSSEL, joaillier, maison Fouquet.

GODIN, joaillier, maison Fouquet.

J. MARTIN, graveur, maison Fontenay.

GRIMPERELLE, chef d'atelier, maison Soufflot et Robert.

COLLIN, joaillier, maison Boucheron.

LÉCOLAZET, sertisseur, libre, présenté par M. Fontenay.

PHILIPPE, chef d'atelier, maison Roulina.

FIAU, tréfileur, maison Murat.

L. DETAILLE, chef d'atelier, maison Héricé.

GAZAI, chef mécanicien, maison Murat.

A. LEBLANC, apprêteur, maison Héricé.

Mentions honorables.

DUPUIS, joaillier, maison Boucheron.

BUSSAC, joaillier, maison Boucheron.

AUERBACH, joaillier, maison Hubert.

Mlle MASSON, reperceuse, libre, présentée par M. Fontenay.

SIXIÈME CLASSE.

Horlogerie.

Hors concours.

MM.
DETOUCHE.
COLLIN.
HAAS et Cie.

MM.
REDIER et Cie,
SANDOZ.
SAUNIER.

Médailles d'argent.

MM.

Champion.
Bernoux.
Marchal.
Niner, directeur de l'école de bijou-
terie (chambre syndicale).

Médailles de bronze.

Cadot.
Rosset.
Berghammer.
Boissel.

Mentions honorables.

Bontems.
Bachner.
Hadancourt.

Collaborateurs.

Médaille d'argent.

MM.

Lesueur, dessinateur sculpteur, maison G. Sandoz.

Médailles de bronze.

A. Kormann, dessinateur, maison
Champion.
P. Belough, dessinateur, maison G.
Sandoz.
Tramontis, chef d'atelier, maison
Detouche.

Mention honorable.

Emmanuel, sculpteur, maison G.
Sandoz.

TROISIÈME SECTION

MÉTAUX USUELS

SEPTIÈME CLASSE.

Hors concours.

MM.
Barbedienne.
Beurdeley fils.
Blot et Drouard.
Dasson.
Denière.
Houdebine.
Journet et Cie.
Lhose.
Ranvier.

Médaille d'or.

Peyrol.

Médailles d'argent.

MM.
Basset.
Boucher frères, rappel.
Meissner, rappel.
Moris fils.
Guillemin.

Médailles de bronze.

Belin jeune.
Kley.
David.
Chachoin fils.
Parvillers.

Médailles de bronze.

MM.

DIEU.
HUBERT.
LIARD.
MOTET.
LACROIX (Victor).

Mentions honorables.

BERNOUX, rappel.
CHEVALIER jeune.
GRINAND.
RIGOLET.

COLLABORATEURS

Médailles d'or.

CAUCHOIS, maison Barbedienne.

Médailles d'argent.

GARNIER, maison Bardedienne.
DUCRO, maison Denière.
DOUY (Jules), maison Peyrol.
EVRARD, maison Dasson.

Médailles de bronze.

MM.

BAIN, maison Denière.
FOURNIER, maison Denière.
ALIZARD, maison Barbedienne.
GIRARDOT, id.
BLONDEL, id.
GRAFFIN, id.
DEMESVE, id.
FRANÇOIS, id.
AUBERT, maison Dasson.
DALLIER, id.
GERMAIN, maison Meissner.
MULLER, maison Basset.

Mentions honorables.

RAPPIN, maison Dasson.
PONDRUEL, id.
E. CANARD, maison Meissner.
MAYER, id.
DORANGE, maisson Basset.

HUITIÈME CLASSE.

Fonte de fer décorative.

Hors concours.

MM.
DALIFOL et Cⁱᵉ.
DURENNE.

Médailles d'argent.

REVEILHAC (Jean).

MM.
BELLENGER-FASBENDER.
LECAILLER (collaborateur, maison Dalifol).

Médailles de bronze.

MOUTON-BERGUE.
DEMOTTE et GOESEELS.

NEUVIÈME CLASSE.

Serrurerie d'art.

Hors concours.
MM.
ANDRÉ.
BAUDRIT.

MM.
CHARLIER et VILLAIN.
Vᵛᵉ DELONG et Cⁱᵉ.
LICHTENFELDER.

Médailles d'or.

MM.

Bergue.
Moreau frères.

Médailles d'argent.

Perret.
Paublanc.

Médailles de bronze.

Pelletier fils.
Bodart (Emmanuel.)

Mentions honorables.

Locquet.
Hallet.
Gallet.

Médailles d'or.

MM.

Cacheux, maison Moreau frères.

Médaille d'argent.

Amuat, ciseleur, maison Bergue.

Médailles de bronze.

Ravet, maison Moreau frères.
Guillemin,   id.
Constantin, maison Bergue.
Bayle,   id.

Mention honorable.

Boutellier, maison Paublanc.

DIXIÈME CLASSE.

Armes de luxe.

Hors concours.

MM.

Fauré Le Page.
Gastinne-Renette.
Lainé.

COLLABORATEURS

Médailles d'argent.

MM.

Crahay, maison Fauré Le Page.
Comte, maison Gastinne-Renette.
Corajod, maison Lainé.

Médaille de bronze : M. Chauwin, maison Fauré Le Page.

ONZIÈME CLASSE.

Plomb. — Zinc. — Cuivre. — Étain.

Hors concours.

MM.

Gaget Gauthier et Cie.
Perin-Grados.

Médaille d'or.

Marrou.

Médaille d'argent.

Trainard.

Médailles de bronze.

Locotte.

MM.

Mesureur et Monduit.
Gits.

Mentions honorables.

Clert.
Chabrier jeune.

COLLABORATEURS

Médaille d'argent.

Lorentzi, maison Gaget Gauthier et Cie.

PREMIÈRE CLASSE.

Hors concours.

MM.

LEHMANN frères.

Médailles d'argent.

Société nationale d'exploitation de mines.

DÉSMOUTIS, QUENESSEN et LEBRUN, fabricants de platine.

GASPARD et BELLE.

ALAINE (Auguste).

Fonderie générale de Grenelle.

BRIDAULT.

Société anonyme des zincs français.

HURÉ.

CHERTEMPS.

HENRY (Paul).

Médailles de bronze.

Société générale des mines d'Almeira.

Société des mines de Bougie.

PETETIN et Cⁱᵉ.

REVEILHAC (Léon).

DANIEL.

DRONIER.

COUTHIER fils.

Société française d'inoxydation et de platinage.

BRUNON.

HUARD fils.

MORTELETTE.

Mentions honorables.

NEVEUX.

DESOR.

MM.

MILLET.

MAHUET et BARTHÉLEMY.

LASSUS.

FRET.

TRAVERS.

BERGER-SPENCE.

HALLET.

HENKEL.

RIVAL.

COLLABORATEURS

Médailles d'argent.

LAIGNIER, maison Vᵛᵉ Lyon Allemand.

THIOLLIER (Antonin), ingénieur, directeur de l'usine de Septèmes (Société du nickel).

CAULRY (Constant), ingénieur des fonderies de Nouméa (Société du Nickel).

HERPIN, ingénieur, directeur de l'affinage du nickel de MM. Christofle et Cⁱᵉ.

BRÉCY, ingénieur, directeur de l'usine fonderie de maillechort et couverts, maison Christofle et Cⁱᵉ.

Médailles de bronze.

LECALLIER (Désiré), contremaître, maison Dalifol.

QUÉRU (François), contremaître, maison Henry.

DOUZIÈME CLASSE.

Métiers annexes. — Gravure.

Hors concours.

MM.
BISSINGER.
DEMENGEOT.
REVERCHON.
ZULOAGA.

Médailles d'or.

SOUZE, graveur en fers à dorer.
VAUDET (Auguste), camées.

Médaille d'argent.

HELLER.
CHEVALIER.
GERBIER.
CHAUMONT père, rappel.
GUYÉTANT.
HASEROTH.
LECHEVREL.

Médailles de bronze.

MM.
DEVAMBEZ.
HUOT, rappel.
BOUVET.

Mention honorable.

CHENEAU.

COLLABORATEURS

Médaille d'argent.

BOUDIN, maison Guyétant et Bissinger.

Mentions honorables.

CHÉREAU, maison Bissinger.
LEBAS, id.
LAMBERT, maison Guyétant.

Ciselure.

Médaille d'argent.

M.
HELLER.

Médaille de bronze.

M.
MARIOTON.

Mention honorable : M. VERNIER.

Émail.

Hors concours.

MM.
GUILBERT-MARTIN.
SOYER.
THESMAR.

Médailles d'argent.

MM.
MEYER (Alfred.)
SIEFFERT.
Mlle PUISOYE (Marie,)

MM.

[illegible]

Béranger.

Poiret.

Médailles de bronze.

Mlle Gobert.

MM.

Diffloth (fils).

Pottier.

COLLABORATEURS

Médaille d'or.

Serre, maison Barbedienne.

Médailles d'argent.

Tard, rappel, maison Christofle.

MM.

Grandhomme, maison Mollard.

Marchal, id.

Garnier, maison Falize.

Jean (Georges), maison Jean.

Soyer (Théophile), maison Soyer.

Martin (Charles), maison Guilbert-Martin.

Médailles de bronze.

Houillon, maison Falize.

Gagneré, id.

Zinck, maison Soyer.

Pignet, id.

Antoine Tard, filigraneur, maison Thesmar.

CONCOURS SPÉCIAUX

DES INDUSTRIES D'ART DU MÉTAL

Ces concours sont divisés en deux groupes; le premier comprend les projets et modèles présentés à l'état de dessins ou de maquettes.

Le deuxième est spécial à l'industrie; les œuvres, complètement achevées y sont seules admises.

Les prix, spécialement créés pour ces concours, consistent en plaquettes de bronze et en diplôme.

En outre, une plaquette fondue en or, et d'une valeur de mille francs, est décernée à l'œuvre classée au premier rang parmi les objets récompensés, et prend le nom de GRAND PRIX.

PREMIER GROUPE

DESSINS ET MAQUETTES

Orfèvrerie. — Cafetière.

Plaquette (ex æquo.)

MM.

MALLET, sculpteur, 56, rue de Bondy.
LOUIS CARRIER-BELLEUSE fils, 15, rue de la Tour d'Auvergne.

Première mention.

CLERC (Auguste), élève de l'école des Arts décoratifs.

Deuxième mention.

MM.

PAILLET (Ferdinand), peintre à la manufacture de Sèvres.

Troisième mention.

CAEN (Albert), sculpteur, 9, rue Fontaine-au-Roi.

Joaillerie. — Un pendant de col orné de pierres.

Première mention.	*Deuxième mention.*
M. V. HENG, 29, rue du Sentier.	M. GRASSIN, 35, boulevard Magenta.

Horlogerie. — Régulateur avec sa gaine.

Mention : M. H. DUVAL, élève de l'école des Arts décoratifs.

Bronzes d'art et d'imitation. — Un porte-lumières.

Plaquette.	*Deuxième mention.*
MM.	MM.
L. BOHN, 29, passage des Favorites.	E. GONEL, 24, boulevard Richard-Lenoir.
Première mention.	*Troisième mention.*
E. PROVOST, 14, rue Oberkampf.	CLERC (Auguste), élève de l'école des Arts décoratifs.

Fonte de fer. — Un vase de jardin.

Première mention.	*Deuxième mention.*
M. E. LOOSEN, dessinateur, élève de l'école nat. des Arts décoratifs.	M. L. BOHN, sculpteur, 29, passage des Favorites.

Serrurerie d'art. — Une grille de balcon fer forgé.

Plaquette.	*Première mention.*
M. P. LEGASTELOIS, 6, rue Saint-Gilles.	M. I. GODET, 16, rue du Faubourg-du-Temple.

Deuxième mention : M. FOUCART, 14, rue de Varennes.

DOUZIÈME CLASSE.

Étain. — Un plat orné.

Plaquette : M. JOINDY (Joseph), sculpteur, 80, rue de Ménilmontant.

Orfèvrerie. — Une cafetière.

Plaquette.

MM.

Brocks, contremaître orfèvre, maison Christofle, 56, rue de Bondy.

Trotté, contremaître ciseleur maison Christofle, 56, rue de Bondy.

Heintze, orfèvre, maison Christofle, 56, rue de Bondy.

Roze, ciseleur, maison Christofle, 56, rue de Bondy.

Mention.

MM.

Maison Taburet et Boin, 3, rue Pasquier.

Latour, planeur, maison Christofle, 56, rue de Bondy.

Debaus, orfèvre, maison Christofle, 56, rue de Bondy.

Bijouterie vraie. — Un bracelet or.

Hors concours.

MM.

Pye, émailleur cloisonneur, maison Bapst et Falize.

Première mention.

Olive (Émile), 3, rue Cler.

Deuxième mention.

MM.

Couquaux, 402, rue Saint-Honoré.

Troisième mention.

Brateau, 39, rue Condorcet.

Quatrième mention : M. Cavaroc, 33, rue Sauffroy.

Fonte de fer. — Un vase de jardin.

Plaquette : M. Thiriot, 46, boulevard Voltaire.

HUITIÈME CLASSE.

Serrurerie d'art. — Une grille de balcon fer forgé.

Mention.

Nicaise et Cie. « La Construction, » société coopérative en commandite des ouvriers serruriers, 23, rue Villejust.

DIXIÈME CLASSE.

Plomb-Zinc. — Un cartouche orné ou un motif décoratif
faisant milieu.

Mention : M. Marrou (Ferdinand), 59, rue Saint-Nicolas (Rouen).

ONZIÈME CLASSE.

Cuivre. — Un bassin en cuivre repoussé.

Plaquette.
Latour, planeur, maison Christofle
et Cⁱᵉ, 56, rue de Bondy.

Cholley, ouvrier ciseleur, maison
Christofle et Cⁱᵉ, 56, rue de Bondy.

DOUZIÈME CLASSE.

Étain. — Un plat orné.

Plaquette.
Brateau (Jules), 39, rue Condorcet.

Mention.
Brateau (Jules), 39, rue Condorcet.

TREIZIÈME CLASSE.

Fonte. — Une figure fondue à noyau, non réparée.

Plaquette.
Perardel, ouvrier fondeur, maison
Christofle et Cⁱᵉ, 56, rue de Bondy.

Première mention.
Cottin, ouvrier fondeur maison
Christofle et Cⁱᵉ, 56, rue de Bondy

Glyptique et Médailles.
Une figure ou un motif héraldique, exécuté en creux ou en relief,
sur pierre dure, sur coquille ou sur acier.

Plaquette.
M. Haseroth (Max), 29, rue Belle-
fond.

Première mention.
Guyétant, 19, boulevard Montmartre.

Deuxième mention : M. Bissinger, 31, rue du Quatre-Septembre.

QUINZIÈME CLASSE.

Damasquine. — Une coupe incrustée et damasquinée.

Mention : M. Zuloaga, 107, rue de Turenne.

SEIZIÈME CLASSE.

Ciselure. — Un vase ou un ensemble décoratif complet en or, argent ou cuivre repoussé,

Plaquette.	*Première mention.*
M. Brateau (Jules), 39, rue Condorcet.	Chevalier (Émile), 3, passage des Petits Pères.

Deuxième mention : M. Colliot (J.), 44, rue du Dragon.

DIX-SEPTIÈME CLASSE.

Émaux sur métal. — Un panneau, sujet historique ou allégorique ou motif décoratif.

Plaquette.	*Deuxième mention.*
MM.	MM.
Penet (Lucien), 145, rue de Rennes.	Sieffert (Eugène), 18, rue Oberkampf.
Première mention.	*Troisième mention.*
Chevalier (Mlle Claire), 47, rue Bonaparte.	Soyer (Paul), 4 *bis*, rue Saint-Sauveur.

CONCOURS GÉNÉRAL

POUR LE GRAND PRIX DE *L'UNION CENTRALE*

PLAQUETTE D'OR D'UNE VALEUR DE 1,000 FRANCS

Les œuvres primées dans les concours des deux sections modèles des artistes et œuvres exécutées par l'industrie ont été examinées par le Jury supérieur composé des présidents de section.

Le GRAND PRIX a été décerné dans la première classe (Orfèvrerie), à la cafetière exposée sous la devise : *l'Union fait les succès* et exécutée par

> MM. BROECKS, contremaître orfèvre.
> TROTTÉ, contremaître ciseleur.
> HEINTZE, ouvrier orfèvre.
> ROZE, ouvrier ciseleur.

Tous quatre attachés à la maison Christofle et Cⁱᵉ, 56, rue de Bondy.

AVANT-PROPOS

Depuis 1880, l'Union centrale a subi des modifications profondes, que la fin du discours de M. Henri Bouilhet à la distribution des récompenses laissait entrevoir.

Le Musée des Arts décoratifs, comme l'Union centrale, s'était donné pour mission de former le goût du public et de développer les connaissances spéciales des artistes de l'industrie.

Poursuivant le même but, les deux Sociétés devaient nécessairement employer les mêmes moyens pour l'atteindre. Comme elles devaient souvent se rencontrer dans les mêmes projets, un accord intervint, le 23 décembre 1879, pour régler les rapports des deux Sociétés. Plus tard, le comité général, formé en vue de cet accord, reconnut la nécessité d'arriver à une fusion plus complète et décida, dans sa séance du 3 novembre 1881, qu'il y avait lieu de réunir l'assemblée générale des actionnaires de l'Union centrale, à l'effet de prononcer la dissolution de la Société, et de décider que le fonds social et toutes les valeurs actives seraient apportés à une Société nouvelle à titre de dons, sans réserve des avantages réservés aux actionnaires.

De son côté, le Musée des Arts décoratifs convoquait l'assemblée de ses souscripteurs, à l'effet de décider que ses valeurs actives seront apportées à titres de dons à la nouvelle Société créée par sa fusion avec l'Union centrale transformée.

La Société nouvelle, ainsi formée, portera le titre de « Union centrale des Arts décoratifs ».

En conséquence, les deux Sociétés s'étant successivement réunies, ont adopté les résolutions suivantes :

Extrait du procès-verbal de l'assemblée générale des fondateurs et cofondateurs du *Musée des Arts décoratifs*, tenue le 14 décembre 1881, au Palais de l'Industrie.

RÉSOLUTION

L'assemblée générale des fondateurs et cofondateurs du Musée des Arts décoratifs est d'avis :

Qu'il y a lieu de procéder à la fusion de la Société avec celle de l'Union centrale des beaux-arts appliqués à l'industrie.

Elle approuve les statuts de la nouvelle Société, qui portera à l'avenir le nom d'*Union centrale des Arts décoratifs*.

Elle donne plein pouvoir au comité directeur pour en réaliser la formation et sa reconnaissance comme établissement d'utilité publique, et l'autorise à apporter aux statuts toutes les modifications qui pourraient être jugées nécessaires par le Gouvernement.

Extrait du procès-verbal de l'assemblée générale des actionnaires de *l'Union centrale des beaux-arts appliqués à l'industrie*, tenue au siège de la Société, place des Vosges, 3, le 20 décembre 1881.

PREMIÈRE RÉSOLUTION

L'assemblée générale, après avoir pris connaissance des statuts de la Société de l'*Union centrale des Arts décoratifs*, déclare les adopter, charge le Conseil d'administration d'en poursuivre la réalisation et l'autorise à y apporter toutes modifications qui pourraient être demandées par le Gouvernement lors de la reconnaissance de la Société comme établissement d'utilité publique.

DEUXIÈME RÉSOLUTION

Prenant en considération l'intérêt qu'il y a pour la Société l'Union centrale des beaux-arts appliqués à l'industrie à former avec la société du Musée des Arts décoratifs une Société nouvelle sous le nom de *Union centrale des Arts décoratifs*, que pour obtenir ce résultat il est nécessaire, avant tout, de liquider régulièrement la Société actuelle, l'assemblée prononce, à compter de ce jour, la dissolution

de la Société et décide que la liquidation s'opérera conformément à
l'article 49 des statuts, par les soins du Conseil d'administration, auquel
les pouvoirs les plus étendus sont conférés, pour conduire à bonne fin
la liquidation, pour réaliser l'actif, acquitter le passif, régler les droits
des tiers et des intéressés, et pour continuer la gestion jusqu'à consti-
tution définitive de la Société nouvelle.

Comme conséquence de ces résolutions, le Conseil d'administration,
formé par la réunion de vingt-cinq membres de l'ancien conseil de
l'Union centrale et de vingt-cinq membres du comité directeur du
Musée, s'est réuni le 1er février dernier, sous la présidence de
M. Édouard André, pour constituer le bureau de la Société nouvelle.
M. Édouard André, ayant décliné la présidence effective en raison de
l'état de sa santé, a été nommé par acclamation président d'honneur;
M. Antonin Proust a été élu président, et M. Henri Bouilhet premier
vice-président.

M. Henri Bouilhet et M. le comte de Ganay ont été délégués
pour représenter la Société devant le Conseil d'État et s'entendre avec
le rapporteur sur les modifications qui pourraient être demandées
aux statuts par le Gouvernement.

Les statuts modifiés ont été de nouveau soumis au Conseil d'administration et adoptés par lui; ils ont été définitivement sanctionnés
par le Conseil d'État dans sa délibération du 30 mars 1882 et suivis
du décret d'utilité publique rendu par M. le Président de la République et inséré au *Bulletin des lois* à la date du 45 mai dernier.

L'assemblée générale constitutive de l'Union centrale des Arts
décoratifs a eu lieu le 21 juin.

M. Antonin Proust, président du conseil d'administration, dans un
rapport très substantiel, fit l'historique des travaux du Conseil depuis
sa formation, et laissa entrevoir l'avenir de la société qui, grâce à la
bienveillance très marquée du Gouvernement, s'annonce sous les plus
brillants auspices. L'Exposition organisée par l'Union centrale, l'émis-
sion d'une grande loterie nationale de 44 millions autorisée par le
Ministère de l'intérieur, sont des gages de vitalité et d'espérances
futures.

Puis il soumet à la sanction de l'assemblée la nomination du
Conseil d'administration, qui est ainsi constitué :

1882

SEPTIÈME EXPOSITION

DEUXIÈME EXPOSITION TECHNOLOGIQUE DES INDUSTRIES D'ART

LE BOIS — LES TISSUS — LE PAPIER

RAPPORT DE LA COMMISSION CONSULTATIVE

L'Union centrale poursuit son œuvre. Fidèle au programme qu'elle s'est tracé, elle continue la série des Expositions spéciales qu'elle a commencées en 1880 et dont l'organisation méthodique doit successivement faire passer sous les yeux du public intelligent toutes les matières qui, façonnées par la main de l'homme, deviennent des créations de l'Art. Les œuvres du Métal ont ouvert la marche, et l'on se souvient peut-être que la fête a été aussi instructive que brillante. En 1882, l'Union centrale prend pour motif essentiel de l'Exposition qu'elle prépare et des Concours qui la compléteront, trois grandes Industries, trois grands Arts, dont les applications variées se mêlent à l'embellissement de nos demeures, à la décoration de notre vie de tous les jours : le *Bois*, les *Tissus*, le *Papier*.

Comme elle l'avait fait, en 1880, pour l'Exposition du Métal, l'Union a décidé que chacun de ces groupes doit comprendre une classe où figureront, sous un format modeste et à titre d'échantillons, les matières premières, les outils et procédés, et même dans certains cas, les métiers en mouvement. Le grand ennemi, c'est l'ignorance. Obéissant toujours aux doctrines qui l'ont inspirée dès le début, l'Union n'a pas cessé de penser que les Expositions qu'elle organise ne sauraient être seulement un spectacle pour les yeux frivoles : il importe qu'elles soient un enseignement pour les curieux qui veulent apprendre. Les œuvres exposées intéresseront d'autant plus le visiteur attentif, que les diverses industries lui montreront — avec discrétion cependant — leur point de départ et les matières qu'elles emploient.

Il nous déplairait de paraître pédants ; mais pour les choses de l'Art, comme pour beaucoup d'autres, nous aimerions à marcher avec l'esprit moderne. Chacune de nos Expositions doit être une leçon.

Cette leçon, nous la cherchons partout, et c'est pour cela que, respectueuse de ses traditions, l'Union centrale associera aux créations nouvelles que lui enverront les industries du *Bois*, des *Tissus*, du *Papier*, l'inépuisable attrait d'un Musée rétrospectif, car, si fiers que nous soyons de notre habileté présente, nous ne pouvons oublier ni les grands ébénistes du passé, ni les sculpteurs qui ont décoré le bois de si fines arabesques, ni les tapissiers glorieux, ni les brodeurs qu'on regardait autrefois comme des artistes, ni les spirituels faiseurs d'images, ni les maîtres habiles à donner au livre qui recèle une pensée, un vêtement qui contient de la grâce.

A l'Exposition des industries modernes, à l'Exposition rétrospective, s'ajoute pour 1882 une série de Concours correspondant aux trois groupes du *Bois*, des *Tissus,* et du *Papier*. On trouvera plus loin les programmes de ces Concours. Il suffira de dire ici que, pour la plupart, ils s'adressent aussi bien à l'Artiste qui imagine et qui résume son projet sous la forme graphique qu'à celui qui, dépassant le domaine du rêve, réalise son idéal dans une œuvre exécutée. Les programmes étudiés par l'Union centrale semblent faits pour provoquer des tentatives intelligentes, de véritables efforts d'invention. Au point de vue de l'Art, qui est notre préoccupation constante et notre passion incurable, tous ces Concours nous intéressent au même degré, et il est à peine besoin de les recommander à l'infatigable initiative de nos producteurs et de nos artistes. L'habileté des concurrents auxquels nous nous adressons nous promet une lutte sérieuse, et déjà le Jury est impatient de décerner les palmes préparées.

Un mot encore. Dans l'étude des programmes de ses Concours de 1882, l'Union centrale a cherché, non de vains prétextes au caprice du crayon ou à la virtuosité de la main, mais des motifs qui, en faisant une large part aux délicatesses du goût, peuvent et doivent se formuler dans des applications usuelles et, pour ainsi dire, quotidiennes. Pour les industries du *Bois*, des *Tissus*, du *Papier,* chacun des Concours proposés répond à une exigence de la vie actuelle. Le choix du style est laissé au libre arbitre des concurrents. Hormis la laideur, tout est permis. Et pourquoi la pensée secrète de l'Union centrale ne serait-elle pas comprise ? Peut-être, malgré le respect qu'ils doivent avoir pour les formes du passé, les Artistes jugeront-ils que le moment est venu de tenter un pas décisif dans la voie de l'affranchissement et de préciser, par un effort nouveau, le caractère de l'Art ornemental de ce dix-neuvième siècle qui va finir et qui voudrait bien ne pas disparaître sans laisser une trace dans l'histoire.

Paul MANTZ,

Président de la commission consultative.

2ᵉ EXPOSITION TECHNOLOGIQUE

DES INDUSTRIES D'ART

LE BOIS, LES TISSUS, LE PAPIER

CLASSIFICATION

1ᵉʳ GROUPE. — LE BOIS

1ʳᵉ Section.

CLASSE 1. Matières premières. Outils et procédés.
— 2. Dessins et modèles des artistes.

2ᵉ Section.

CLASSE 3. Menuiserie d'art.
— 4. Sculpture sur bois.
— 5. Ébénisterie, placage, etc. Meuble simple et meuble riche.
— 6. Sièges avec bois apparent, garnis ou non garnis.
— 7. Décoration des objets en bois; peinture, dorure, vernis et laques. Cadres et accessoires du mobilier.
— 8. Tabletterie, jeux, vannerie fine.
— 9. Instruments de musique en bois.

2ᵉ GROUPE. — LES TISSUS

1ʳᵉ Section.

CLASSE 10. Matières premières. Mises en carte. Métiers en mouvement.
— 11. Dessins et modèles des artistes.

2ᵉ Section. — Ameublement.

CLASSE 12. Tapisserie et Tapis.
— 13. Tissus et Tentures, brochés et imprimés; soie, laine, coton, etc. matières diverses.
— 14. Rideaux blancs et linge de table, brochés et brodés, lin, coton,
— 15. Broderies à la main, broderies à la mécanique.

Classe 16. Passementeries.
— 17. *Tapissiers-décorateurs ; ensembles décoratifs.*

3e Section. — *Vêtement.*

Classe 18. Tissus brochés ou imprimés pour vêtement : soie, laine, lin, coton, etc.
— 19. Châles.
— 20. Broderies, tricots et filets.
— 21. Dentelles, guipures et tulles.
— 22. Costumes confectionnés : ecclésiastiques, civils, militaires, etc.

3e GROUPE. — LE PAPIER

1re *Section.*

Classe 23. Matières premières; outils et procédés : papiers transformés et papiers spéciaux.
— 24. Imprimerie. Machines à imprimer, caractères, encres, couleurs, clichage.
— 25. Dessins et modèles des artistes.

2e *Section.*

Classe 26. Le Livre.
— 27. L'image.
— 28. Décoration du papier.
— 28. La reliure.
— 30. La photographie.

Nota. — *Des médailles d'or, d'argent et de bronze et des mentions seront attribuées à chacune des classes de l'Exposition moderne.*

CONCOURS

CONCOURS SPÉCIAUX DES INDUSTRIES DU BOIS

1. Meuble de chambre à coucher.

Ce concours a pour but de provoquer les efforts des fabricants pour la création de meubles simples et de lignes pures, bien construits et d'un prix accessible à un ménage de condition modeste. Le jury s'attachera donc à la forme et à la construction plutôt qu'au luxe des bois, en épaisseur ou plaqués, qui, du reste, pourront être plaqués, vernis ou peints.

Le meuble complet se composera de : un bois de lit, une table de nuit, une armoire à glace, une table de milieu, un fauteuil, deux chaises. Le prix de vente de l'ensemble de ces objets ne devra pas excéder 600 fr.

Ce concours s'applique également à la menuiserie et à l'ébénisterie.

2. Meuble riche de fantaisie.

Ce meuble pourra être une vitrine ou un meuble d'appui destiné à être placé dans un salon ou un cabinet de travail. Il pourra être en ébénisterie ou marqueterie. Toute latitude est laissée, d'ailleurs, aux concurrents, sur la nature des matières employées et sur le mode de décoration. Son prix ne devra pas excéder 6,000 francs.

3. Siège à bois apparent : canapé, tête-à-tête ou fauteuil.

Toute latitude est laissée aux concurrents pour la garniture du meuble, mais il est bien entendu que le travail du bois sera seul apprécié par le Jury.

Les meubles mécaniques et à transformation sont exclus de ce concours.

4. Bibliothèque d'appartement.

La principale condition à remplir dans ce concours est de présenter un meuble d'une mouluration simple et d'une disposition commode, avec un caractère d'art, pour le classement des livres, leur laissant toute leur importance. Cette bibliothèque sera à deux corps et devra contenir deux ou quatre tiroirs pour placer des estampes.

La hauteur du meuble ne dépassera pas 2^{m},80 et sa largeur 1^{m},50. Le prix de vente maximum sera de 800 francs.

CONCOURS SPÉCIAUX DES INDUSTRIES
DES TISSUS

I. — AMEUBLEMENT

1. *Tapisserie au métier*. Un panneau ornemental avec figures décoratives, de 3 mètres sur 2 mètres environ.
2. *Tapis*. Une carpette (devant de foyer) de 2^m,50 sur 3^m,50 environ.
3. *Tissus de tenture :*

> A. — Une étoffe de soie, pour pièce de réception.
>
> B. Une étoffe de fantaisie, brochée ou imprimée, pour chambre à coucher.
>
>> Le décor des tissus ne devra pas être la reproduction textuelle d'un décor ancien.

4. Un store blanc brodé, de 1^m,25 de large sur 3 mètres de hauteur environ.
5. Un service à thé, nappe et serviettes, brodé.
6. *Tapissiers-décorateurs*. Un boudoir complet, sièges et tenture.

II. — VÊTEMENT

7. Un tissu broché ou imprimé, pour robe.
8. Une croix en broderie d'or, d'argent ou de couleur, pour costume ecclésiastique.
9. Une ombrelle ou un éventail en dentelle.
10. Une robe blanche brodée pour enfant.
11. Un costume de visite pour dame, confectionné ou mi-confectionné, avec ses passementeries et garnitures.
12. Un costume de caractère pour le théâtre : *Don Juan*.

CONCOURS SPÉCIAUX DES INDUSTRIES
DU PAPIER

1. *Le livre.*

> Pourront participer à ces concours tous les livres français parus depuis le 1er décembre 1881 jusqu'à l'ouverture de l'Exposition.
> Le prix sera décerné au livre qui présentera les meilleures conditions d'exécution typographique et matérielle, caractères, papiers, etc.

2. *L'image.*

> Illustrations françaises pour un livre destiné à l'enfance.

3. Décoration du papier.

Un panneau de papier peint pour salle à manger.

4. La photographie.

Le meilleur ouvrage en reproduction photographique, ou tout procédé dérivé de la photographie ayant pour objet l'art décoratif et paru depuis 1878.

5. La reliure.

Reliure d'un volume d'un des grands écrivains français. (Édition et format au choix des concurrents.)

N. B. — Chacun de ces concours aura *deux divisions :* la première sera réservée *aux artistes* et comprendra tous les projets et modèles présentés à l'état de dessins ou maquettes; la deuxième sera spéciale à l'*industrie;* n'y seront admises que les œuvres exécutées et complètement achevées.

Par exception, le concours 11, du 2e groupe (tissus), et les concours 1 et 4 du 3e groupe (papier), ne comporteront que les œuvres exécutées.

Par dérogation à l'article 12 du règlement général, les pièces de ces concours seront reçues au Palais de l'industrie, du 25 août au 1er septembre 1882, terme de rigueur.

Des prix d'une forme absolument nouvelle seront spécialement créés pour ces concours.

Le président de l'Exposition,

Henri BOUILHET.

Le président de l'Union centrale,

Antonin PROUST.

COMMISSION D'ORGANISATION

DE L'EXPOSITION DE 1882

MM.

Bouilhet (Henri), *président.*
Béchard (Alphonse), *secrétaire.*

MEMBRES DU CONSEIL DÉLÉGUÉS

MM.

Corroyer (Édouard). . . . . . Pour le groupe du bois.
Braquenié . . . . Pour les tissus (ameublement). . . .
Lefébure (Ernest). . . . . . .,   id.   (vêtement).
Firmin-didot (Alfred) . . . . . Fabrication de papier et imprimerie.
Falize (Lucien) . . . . Éditions et reliures.
Jumelle (Alfred). . . . . Photographie.
Turquetil (Jules). . . . . Papiers peints.
Bapst (Germain). . . . . *Délégué pour la section étrangère.*

NOMENCLATURE DES EXPOSANTS

PREMIER GROUPE. — LE BOIS

PREMIÈRE SECTION

PREMIÈRE CLASSE.

Matières premières, outils et procédés.

1. LABALME, 32, *avenue Suffren.*
Châssis en bois.

2. LATHOUD (Auguste), graveur sur bois. 134, *rue du Bac.*

3. LEBESGUE (Ernest). 97, *faubourg Saint-Antoine.*
Paris, 1878. M. B.
Scierie à découper.

4

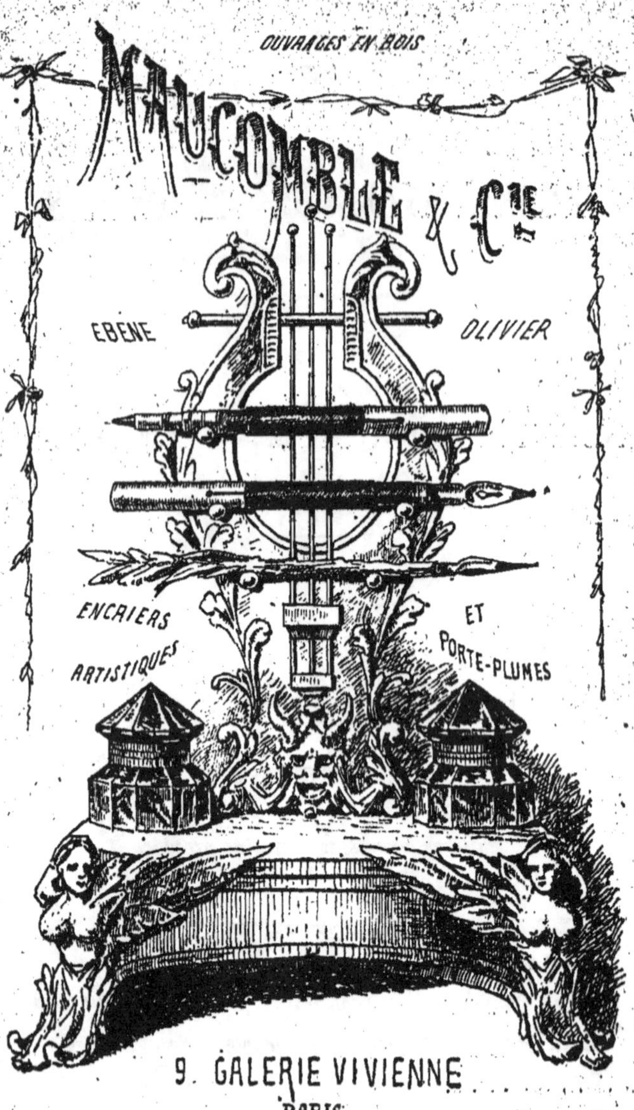

OUVRAGES EN BOIS
MAUCOMBLE & Cie
EBENE
OLIVIER
ENCRIERS
ARTISTIQUES
ET
PORTE-PLUMES
9. GALERIE VIVIENNE
PARIS.

4. MAUCOMBLE ET Cie, fabricants de porte-plumes, encriers artistiques. 9, *galerie Vivienne.*

Ouvrages en bois, spécialité de bois d'olivier et ébène.

Voir l'annonce illustrée, page ci-contre.

5. SOCIÉTÉ FRANÇAISE DE TRANCHAGE DES BOIS. (M. PLESSIS, administrateur.) 4, *passage Charles-Dallery.*

Paris, 1878. M. O.

Panneaux et placages en bois de toutes essences.

6. TESSIER et DELMAS. 8, *rue du Chalet.*

Articles de caves.

7. TIERSOT (Achille). 16, *rue des Gravilliers.*

Machines à découper le bois.

DEUXIÈME CLASSE.

Dessins et modèles des artistes.

8. GUILMARD, dessinateur-éditeur. 2, *rue de Lancry.*

Journaux d'ameublement. Le garde-meuble et l'ameublement.
Voir 3e groupe, classe 27.

9. LENOIR, dessinateur. 83, *rue de Rennes.*
Union centrale, 1874, M. B. — 1876, R. M. B.
Dessins originaux d'ameublements.
Voir classe 17.

10. PRIGNOT (Eugène), dessinateur. 11, *rue des Écuries-d'Artois.* — Union centrale, 1863. M. O. — 1865. R. M. O. — Paris, 1867. M. O. — Vienne, 1873. M. P. — Paris, 1878. R. M. O.

Dessins d'ameublement.

11. RADOUAN (Auguste), sculpteur. 18, *Cours de Vincennes.*

Horloge, modèle en plâtre.

12. REYNIER (Jules), dessinateur. 52, *rue Sedaine.*

Projet de gaine en bois avec pendule de bronze.

TROISIÈME CLASSE.

Menuiserie d'art.

13. LA CONSTRUCTION INDUSTRIELLE (Société anonyme franco-belge). 50, *rue Saint-Georges*. *(Siège social à Bruxelles).*

Londres, 1851, 1862. P. M. — Paris, 1855, 1867. M. 1re classe. — Lyon, 1872, M. O. —Vienne, 1873, M. P. — Philadelphie, 1876. M. O. — Paris, 1878. M. O. — Sydney et Melbourne, 1880. 1er degré de mérite.

Menuiserie artistique.

14. DUTHEIL, constructeur-mécanicien. 26, *rue Morand*.

Voitures d'enfants et de malades.

15. GERDERÈS, fabricant de billards. 48, *rue Fontaine-au-Roi*.

Paris, 1878. M. B.

Billard Henri II, en noyer.

16. NIDERPRIM, entrepreneur de menuiserie. 20, *rue de Colombe, à Courbevoie (Seine)*.

Escalier à double révolution et escalier simple, etc.

17. PALISSON, fabricant de billards. 11, *passage Saint-Pierre-Amelot*.

Paris, 1878. M. B.

18. PORTE-SECRÉTAN, menuisier en meubles. 35, *rue de la Lune*.

Cheminée Renaissance.

19. ROLLOT (Florentin), menuisier-ébéniste. 30, *rue Frémicourt*.

Chaise et tabouret en bois.

20. WILLIAM SAINT-MARTIN, fabricant de billards à véritables bandes américaines. Breveté S. G, D. G.

Très vives, garanties dix ans, s'adaptant à tous les billards. Adoptées par tous les professeurs, dans les cercles et établissements de premier ordre.

Fournisseur du Président de la République, du baron de Rothschild, d'Alexandre Dumas, etc., etc.

S'adresser à l'inventeur : W. Saint-Martin, 80, *rue de Bondy* (Paris).

Voir page ci-contre l'annonce illustrée.

FABRIQUE DE BILLARDS
A VÉRITABLES BANDES AMÉRICAINES, SYSTÈME WILLIAM SAINT-MARTIN
Breveté S. G. D. G.
Très vives, garanties 10 ans, s'adaptant à tous les billards. Adoptées par tous les professeurs, dans les Cercles et établissements de 1er ordre. Fournisseur du Président de la République, du baron de Rothschild, d'Alexandre Dumas, etc.
S'adresser à l'inventeur : William SAINT-MARTIN, 80, rue de Bondy, Paris

QUATRIÈME CLASSE.

Sculpture sur bois.

21. ARTIGAUD, fabricant d'articles en bois sculpté 5, *rue des Marmousets.*

Bois sculpté.

22. BOUCHER (Jules), fabricant de meubles. 159, *rue du Faubourg-Saint-Antoine.*

Meubles et sièges sculptés.

23. CAPOULADE, sculpteur, 22, *rue du Petit-Musc.* Paris, 1878. M. honorable comme collaborateur. Maison Guéret frères.

Pendule en bois sculpté.

24. COMPAGNIE DES BOIS SCULPTÉS (Société anonyme). Siège social : 80, *rue Taitbout.*

Bois sculptés à la mécanique.

25. DAVID (Valentin), découpeur sur bois. 33, *rue de l'Industrie.* (Courbevoie.)

Garniture de cheminée en bois.

26. D'HU (Alphonse), sculpteur en chêne. 19, *rue Albouy.*

Petits nécessaires en bois sculpté.

27. DUPONCHEL-DUPLEIX. 4, *place Voltaire.*

Lit sculpté. Prière tirée des Compiles.

28. GAMBETTE, fabricant d'ornements en bois tourné. 2, *rue du Quatre-Septembre.*

Paris, 1878. M. H.

29. GOYERS Frères, sculpteurs-statuaires. *Louvain (Belgique).* Paris, 1855. M. de 1re Cl. — 1867. M. de 1re Cl. — Vienne, 1873. M. P. — Philadelphie, 1876. M. d'hon. — Paris, 1878. M. A.

Chaire à prêcher, style ogival.

30. JEANDRAUT (Charles). 60, *rue Grande,* à Fontainebleau.

M. B. *Exposition universelle,* 1878. M. A. *Exposition artistique de Melun (Seine-et-Marne),* 1880.

Pièces artistiques en liège.

31. LAPIERRE (François), sculpteur. 52, *boulevard Mont-parnasse.*

Paris, 1878. M. B.

Meubles, tables et sièges sculptés.

32. LEXCELLENT (Guillaume), ébéniste. 8, *rue Breguet.*
Paris, 1867. M. B.

Meubles garnis de bronze et sculptés.

33. MIANO (Joseph), sculpteur sur bois. 33 *bis, boulevard de Clichy.*

Paris, 1878. M. H.

Meubles sculptés.

34. TANGS (Mme V^e). 3, *impasse Charles-Albert.*

Œuvres de Henri Tangs, sculpteur sur bois, né à Paris, le 23 septembre 1852, décédé le 23 janvier 1877.

35. UNION DES SCULPTEURS DE PARIS.
(Louis Lépine, directeur). 6, *rue de Tournon.*

Sculpture décorative.

CINQUIÈME CLASSE.

Ébénisterie, placage, etc. Meuble simple et meuble riche.

36. BEURDELEY, Manufacturier. 32, *rue Louis-le-Grand.*
Meubles.

37. BULLY, (Ferdinand), fabricant de meubles. 3, *rue du Cours-la-Reine (Caen).*
Paris, 1878, M. B.

Meubles massifs en pitch fine.

38. BLANQUI, fabricant de meubles (Bouches-du-Rhône).
Paris, 1878, M. A.

Meubles, sièges, tentures.
Voir classe 6.

39. BOUCHÉ (Eugène), Ébéniste, 105, *Avenue Parmentier.*

Ébénisterie fantaisie ; — articles de luxe.

40. BRAMBILLA (Adriano), Ébéniste. *Corso-Loreto*, 51. Milan (Italie).

Meubles, sièges, tables en ébène et ivoire.
Paris, 1878, M. B.
Voir classe 6.

41. DAMON et Cie, fabricants de meubles d'art. 74, *faubourg Saint-Antoine.*

Ébénisterie, tapisserie.
Voir 2e groupe, classe 17.

42. DASSON, fabricant de bronzes et de meubles. 106, *rue Vieille-du-Temple.*

Voir annonce, page 2 de la couverture.

43. DEMEUTER, fabricant de meubles. 91, *rue de Laeken.* Bruxelles (Belgique).

44. DEPONT, à *Azay-le-Rideau* (Indre-et-Loire).
Paris, 1867. M. A.

Meuble Renaissance.

45. DIENST (Eugène), fabricant de meubles. 16, *faubourg Saint-Antoine.*

Tapisseries, ameublements.
Voir classe 6 et 2e groupe, classe 17.

46. DROUARD (Julien-Michel), fabricant de meubles de style. 16, *rue de Lyon* et 104, *faubourg Saint-Antoine.*

47. DUBERT (Charles), ébéniste. 33, *faubourg Saint-Antoine.*

Bureau-bibliothèque tournant.

48. FLACHAT COCHET et Cie, fabricants de meubles de luxe. 4, *rue Dunoir*, à Lyon (Rhône).
Paris, 1878, M. Or.

49. FOURDINOIS, fabricant de meubles. 46, *rue Amelot.*
Voir 2e groupe, classe 17.

50. GARMS, ébéniste. 32, *rue Traversière.*
Paris, 1878, M. H.

Spécialité de tables, étagères ou servantes, système breveté s. g. d. g.

51. GINSBACH frères, fabricants de meubles. 5, *rue de Charonne.*
Paris, 1878, M. A.

52. GODIN et Cie, fabricants de meubles, sièges et tentures. 7 et 9, *rue des Arquebusiers.*

53. GŒHRING, fabricant de meubles. 63, *faubourg Saint-Antoine.*

Chambre à coucher Louis XIII.

54. GUÉRET jeune, sculpteur, fabricant de meubles. 16, *rue de Lafayette.*

55. GUY, fabricant de meubles. 21, *Faubourg Saint-Antoine.*

Tables pliantes.

56. HOURY, 50, *rue du Faubourg-Poissonnière.*
Meubles avec application de faïences d'art.

57. JULIEN SIMON (MAISON GALLAIS).
77, *boulevard Richard-Lenoir.*
Médailles à toutes les Expositions.

Fabrique et magasins de meubles de style, meubles laqués, sièges, ébénisterie, sculpture.

Voir ci-contre l'annonce illustrée.

Lit Louis XVI laque. Exposition de 1878.

58. JULIEN-GODRY, sculpteur.

Crédences xve et xvie siècles: Écran Louis XIV, chaise xvie siècle, meubles Renaissance.
Voir classe 6.

59. LAMPRE, ébéniste. 40, *rue Amelot*, ci-devant 72, *faubourg Saint-Honoré*.

Tables à jeu.

60. LATERRIÈRE (Jean de), fabricant de meubles. 33, *rue Doudeauville*.
Londres, 1862, M. B. — Paris, 1867, M. B. — Vienne, 1873, M. B. Paris, 1878, M. B.

Meubles de chambre à coucher.

61. LOUAULT (Charles), fabricant de meubles. 56, *rue de la Roquette*.
Union centrale, 1876, M. H. — Paris, 1878, M. B.

62. LOUVEAU (Auguste), ébéniste. 3, *rue Castex*. Paris, 1878, M. A.

Ameublements, sièges, tapisseries.

63. MERCIER frères, tapissiers ébénistes. 100, *faubourg Saint-Antoine*.

Voir 2e groupe, classe 17.

64. PARDAENS, ébéniste. 133, *faubourg Saint-Antoine*.

Meubles.

Cafetière faisant partie d'un service donné au *Musée des Arts Décoratifs*, par MM. CHRISTOFLE et Cⁱᵉ.

GRAVURE EXTRAITE
DE LA REVUE DES ARTS DÉCORATIFS·

Publiée par la maison A. QUANTIN, 7, rue St-Benoît, Paris
(25 francs par an.)

**65. PATRONAGE INDUSTRIEL DES EN-
FANTS DE L'ÉBÉNISTERIE.** M. Henri Lemoine, président, 17, *rue des Tournelles.*

Ameublements.

66. PECQUEREAU, ébéniste. 7, *rue du Chemin-Vert.*

Meubles et tapisseries.
 Voir 2ᵉ groupe, classe 17.

67. PERSONNE, fabricant de toilettes. 8, *rue Royale.*
Paris, 1878, M. H.

68. POTHEAU (frères), ébénistes. 21, *faubourg Saint-
Antoine.*

69. RAULIN (Victor), ébéniste. 110, *rue Vieille-du-Temple.*
 Union centrale, 1876, M. A. — 1876, R. M. A. — Paris, 1878,
M. A.

Voir classe 7.

70. ROBBEN (Maurice), fabricant de meubles sculptés.
26, *rue du Petit-Musc.*

Meubles de salle à manger et salon.

**71. MAISONS ROLL, AUBOÜER, PIEDE-
FERT réunies. L. MULLER, AUDOYNAUD et Cⁱᵉ,
successeurs.**

Ameublements de style. Ébénisterie, tapisserie et décoration.

Voir ci-après, page 63, l'annonce illustrée.

TAPISSERIE
ÉBÉNISTERIE
Mon ROLL
MULLER-AUDOYNAUD Suce
PARIS
PARIS
Faub.g St Antoine.

72. SCHNEIDER (Charles), fabricant de meubles. 97, *faubourg-Saint-Antoine*.

Paris, 1878. M. B.

Meubles de fabrication soignée.

73. SCHREUDER (Mme V^e). 17, *boulevard de Courcelles*.

Bibliothèque à rayons multiples.

74. SOCIÉTÉ ANONYME DU VIEUX CHÊNE, fabricant de meubles. 69-71, *rue Beaubourg*.

Ameublements de tous styles et en tous genres.

Installations complètes sur devis.

Meubles en hêtre pour cuisines.

Meubles en chêne pour bureaux, magasins, administrations, salles à manger.

Mobiliers de salons et de chambres à coucher en bois noir, acajou, noyer, palissandre, pitchpin, sapin, bambou, etc.

Literie, sommiers, etc.

Usine : 97, 99, 101, 103, rue de Crimée.

Paris, 1867. M. B. — Paris, 1878. M. B.

Un boudoir-salon.
Voir 2e groupe, classe 17.

Voir ci-contre l'annonce illustrée.

AU VIEUX CHÊNE

69 ET 71, RUE BEAUBOURG

Salon.

1.80
0.98

76. TERQUEM, fabricant. 15, *boulevard Saint-Martin.*

Bibliothèques tournantes.

77. ZWIENER (Emmanuel), ébéniste. 2, *rue de la Roquette.*

Meubles de luxe.

SIXIÈME CLASSE.

Sièges avec bois apparent, garnis ou non garnis.

78. BLANQUI, fabricant de meubles à *Marseille* (Bouches-du-Rhône).

Meubles, sièges, tentures.
Voir classe 5.

79. BOUASSE jeune, éditeur-fabricant. 9, *rue Mabillon*
Meubles en cuir gravé.

80. CHEVALIER (Joseph), fabricant de meubles, 4, *rue du Mont-d'Or*, à Lyon (Rhône).

Meubles en bois courbé, massif.

81. COURTOIS (Joseph), fabricant de strapontins. 15, *rue Vavin.*

Sièges mécaniques.

82. DEREMBOURG et Cⁱᵉ (maison Dulud), fabricants de cuir repoussé. 66, *rue Richelieu.*

83. DIENST (Eugène), fabricant de meubles et tapisseries 86, *faubourg Saint-Antoine.*
Union centrale, 1876. M. A. — Paris, 1878. M. A.
Ameublement. — Voir classe 5.

84. ELIAERS, fabricant de sièges mécaniques. 188, *boulevard Voltaire.*

85. GENY père et fils, fabricants de chaises de tous styles et de fantaisie. 56, *rue de la Roquette.*
Paris, 1878. M. B.

86. GILBERT, fabricant de meubles et sièges. 7, *avenue Parmentier.*
Voir 2ᵉ groupe, classe 17.

87. JULIEN-GODRY, fabricant de meubles et sièges d'art. 25, *rue Gresset,* à Amiens (Somme).
Voir classe 5.

88. KOHN (Jacob-Joseph), fabricant de meubles en bois courbé. Vienne et Autriche et à Paris. 32, *rue des Marais.*
Vienne, 1873. M. M. — Philadelphie, 1876. M. D. — Paris, 1878. M. A.

89. THONET frères, 15, *boulevard Poissonnière.*
Paris, 1878. M. O.

90. WEBER, fabricant de sièges, etc. 28, *rue Sedaine.*

91. WERNÈR, sculpteur sur bois. 55, *rue de Lafayette*
Cheminées en bois de chêne et chaises, chêne.

SEPTIÈME CLASSE.

Décoration des objets en bois; peinture, dorure, vernis et laques.
Cadres et accessoires du mobilier.

92. BASERGA. 29, *quai de l'Horloge.*
Baromètres et thermomètres.

93. BERNAUDAT (Louis). 39, *boulevard Malesherbes.*
Bois peints, articles de bureau, boîtes à gants, mouchoirs et bijoux, glaces et cadres de tous genres, bois préparés pour peindre.

94. BOUCHER (Henri), miroitier. 108, *boulevard Sébas-topol.*
> Paris, 1878. M. H.

Cadres avec glaces.

95. BOUDEVILLE, marqueteur. 14, *rue Moreau.*

Marqueterie de différents genres.

96. BOURCIER (Charles). 59, *rue Turbigo.*

Tissus métalliques et bois durci.

97. BOUVAIS (Émile), fabricant d'enseignes. 13, *rue des Petits-Champs.*
> *Union centrale,* 1876. M. B. — Paris, 1878. M. A.

Lettres relief en bois doré.

98. BRUNNING-HAUSSEN, fabricant de meubles de style. 123, *rue de Turenne.*

Vernis Martin et sculpture d'art.

99. CARPENTIER, doreur, sculpteur, décorateur, 16 *bis, rue Fontaine.*

Dorure, sculpture et métallisation sur bois.

100. CORBEL, sculpteur. 59, *rue de Vaugirard.*

Modèle de porte, style du XII⁰ siècle.
Voir 3⁰ groupe, classe 23.

101. DANIELLI aîné et Cⁱᵉ. 1, *rue Meyerbeer.*

Objets d'art en bois durci, métallisé et décoré.

GRAVURE EXTRAITE DE LA REVUE LE LIVRE

Publiée par la maison A. QUANTIN, 7, rue St-Benoît, Paris

102. J. DANIELLI jeune, 108, *boulevard Saint-Germain.*
Paris, maison fondée en 1876.

Durcissement, métallisation et décoration artistique du plâtre, procédés français inaltérables J. Danielli jeune.

A notre époque, où l'on fait de louables efforts pour le développement
des arts décoratifs, la maison J. Danielli jeune a, par des procédés aussi
nombreux que variés, sa place toute marquée dans ce mouvement. — En
effet, ne semble-t-elle pas réaliser la vulgarisation des arts dans le sens le
plus large du mot?

Par l'emploi du silicate de potasse mélangé dans des proportions déter-
minées avec le plâtre, ce calcaire précieux, Mr Danielli jeune obtient des
reproductions plastiques d'une finesse incomparable et d'une dureté qui
leur assure une durée indéfinie; puis, par d'autres procédés, dont les appa-
rences aux temps barbares auraient valu à leur auteur d'être brûlé vif,
M. Danielli transforme ces moulages sans valeur intrinsèque en véritables objets d'art. — Ainsi les bronzes de toute nature, qu'ils soient anti-
ques ou modernes, florentins ou pompéiens, les vieux bois sculptés du
moyen âge, les ivoires anciens de toutes les époques, les fers forgés, polis
ou rouillés, les porphyres ou granits de l'antique Égypte, enfin l'or, l'argent,
la pierre, la terre cuite et la céramique ancienne ou moderne sont autant
d'imitations obtenues par lui sur le plâtre avec une perfection qui touche
à l'idéal du fac-similé. Ajoutons que cette transformation du plâtre n'est
pas faite capricieusement, mais scrupuleusement, car la maison s'inspire
avant tout, pour ses reproductions, de la nature de la matière avec laquelle
a été exécutée la figure originale et de sa tonalité. — On conçoit de suite
tout ce qu'ont d'intéressant ces reproductions, au double point de vue pédagogique et décoratif, vendues à des prix relativement insignifiants. Avec de
tels résultats les beautés et les richesses de l'art cesseront forcément d'être
l'apanage des opulents, et tous, petits ou grands, pourront porter les lèvres
à cette coupe pleine des délices qui élèvent l'âme et modèlent le cœur.

Enfin, disons pour terminer que la part a été faite aux modernistes. La
maison; qui s'est attaché des sculpteurs de talent, fait exécuter une série
de modèles dont quelques-uns sont l'œuvre de M. Danielli jeune lui-même.
Cette série, dont on voit quelques dessins ci-contre, se continuera sans
désemparer, à raison de deux modèles nouveaux par mois, jusqu'au chiffre
de 500

Spécimens de la Collection des figurines modernes
Appartenant en toute propriété à la Maison J. Danielli jeune

103. DREYFUS (Georges). 65, *faubourg Poissonnière.*

Photopeinture sur bois.
Voir 3e groupe, classe 30.

104. E. GERMAIN, fabricant de meubles d'art. 1, *rue Saint-Claude.*

Paris, 1867, M. O.
Meubles incrustés de nacre.

105. HALBOISTER frères, fabricants d'encadrements. 5, *rue des Haudriettes.*

106. IBRAHIM.

Articles de Chine et du Japon, en bois, papiers et tissus.

107. KRUMNOW, peintre encadreur. 34, *rue Dauphine.*

108. LATRY, fabricant de bois durci. 12, *boul. Saint-Martin.*
Londres, 1862. Grande médaille. — Paris, 1867. Hors concours. Membre du jury. — Vienne, 1873. M. P. — Paris, 1878. M. O.. Membre du Jury.

109. MAIREL (Célestin-Eugène), découpeur en marqueterie. 5, *rue de Charonne.*

Panneaux pour meubles de salon, incrustation de bois sur fond de cuivre.

110. MASSERON, sculpteur. 7, *rue de la Fidélité.*
Paris 1867. M. H. 1re classe. — 1878. M. B.

111. MASSMANN, *à Kiel* (Allemagne).
Vienne, 1873. M. B. — Philadelphie, 1876. M. A.

112. MORIN ET LAZERGES. 1, *Impasse du Pressoir.*

Châssis et panneaux pour peintures.

113. PORTEAU, gainier encadreur. 13, *rue Chapon.*
Spécialité d'articles de fantaisie, de luxe et de style.

114. POTTIER (Alfred). 50, *rue de Turenne.*
Paris, 1878. M. 1re classe. — *Union centrale,* 1880. M. B.
Émaux d'ameublement, meubles sculptés garnis d'émaux.

115. PREYS, PATMORE ET C¹⁰, sculpteurs ornemanistes. 21, *rue du Terrage.*

> Cadres ornés en blanc et ornements.

116. RAGAREUX. 35, *rue du Vertbois.*
Union centrale, 1876. M. B. — Paris, 1878. M. H.
> Cadres en bois recouverts de tissus.

117. RAULIN (Victor), ébéniste. 110, *rue Vieille-du-Temple.*
> *Union centrale,* 1874. M. A. — 1876. R. M. A. — Paris, 1878. M. A.

> Meubles laqués.
> Voir classe 5.

118. REDIER et **C¹⁰**, horlogers. 8, *cour des Petites-Écuries.*
> Pendules en bois.

119. REMLINGER ET VINET, miroitiers. 4, *rue des Archives.*
> *Union centrale,* 1876. M. H. — Paris, 1878. M. H.
> Cadres.

120. ROBCIS, miroitier. 75, *faubourg Saint-Antoine.*
> Miroirs, bois dorés et sculptés.

121. ROGER. 56, *rue Domrémy.*
> Ivorine. Application et objets en ivorine. Imitations bois, pierre, marbre, etc.

122. ROTHENHEIM (Sigismond), fabricant de tissus. 154, *boulevard Saint-Germain*
> Articles fabriqués de tissus de Panama et Fyl.

123. SOYER (Paul), peintre émailleur. 4 *bis, rue Saint-Sauveur.* — *Union centrale,* 1874. M. A. — 1876. M. A. Paris, 1878. M. O. *Union centrale,* 1880. Hors concours.
> Émaux d'ameublement.

124. VIAU-ROBIN, peintre en décors. *A Malakoff-Vanves, 75, rue de Beauvais.*
> Spécimens de décorations artistiques.

125. WALÉRY ET ROMUALD. 70, *rue de Tocqueville* (quartier Monceau).

Dorures et métallisations de cadres de meubles et ornements d'appartements.

HUITIÈME CLASSE.

Tabletterie, jeux, vannerie fine.

126. ARKORYHT (Richard). 8. *Cadogan place* (Londres). Table.

127. DEMONT (Mlle), fabricant de jeux en bois découpé. 20, *passage de l'Élysée-des-Beaux-Arts.*

128. DESHAYES (Charles), fabricant de jouets. 24, *rue de Saintonge.*

Toupies lyriques, tourniquets à musique.

129. GIRAUDON. 4, *rue Thérèse.*

Union centrale, 1864. M. B. — Londres, 1862. P. M. — *Union centrale,* 1876. R. M. B. — Paris, 1878. M. A.

Meubles, maroquinerie, gainerie. Coffrets de toute espèces et maroquinerie de luxe.

130. LE CHIPPEY (Pierre). 64, *faubourg Saint-Martin.*

Petites tables dites nécessaires, bureaux en bois de marqueterie.

131. NAUDEAU (Jean-Pierre), fabricant de jeux et tabletterie. 7, *rue des Trois-Couronnes.*

Jeux artistiques en bois.

132. OUDARD (Paul). 16, *rue Meslay,* Paris.

Capitonnage en tous genres.

Articles de fantaisie en vannerie, bambou, etc. Boîtes à gants, à mouchoirs. Sachets, vide-poches, sacs à bonbons.

Spécialité de toile imitation tapisseries Aubusson, Gobelins.

Objets de fantaisie pour confiseurs et parfumeurs.

133. RAVENET aîné, fabricant de peignes en bois. 28, *quai de Passy.*

Peignes Renaissance.

134. RÉMY (Théophile), tourneur sur bois. 180, *rue Saint-Denis.*

Moules pour passementerie pour meubles.

NEUVIÈME CLASSE.

Instruments de musique en bois.

135. BAILLY (Paul), luthier. *Mirecourt* (Vosges).
Paris, 1878. M. B.
Violons et violoncelles.

136. BAUDET (Cyrille). 20, *rue Favart.*
Pianos de luxe.

137. BERGKAMMER, fabricant d'horlogerie et meubles.
48, *rue Montmartre.*
Paris, 1878. M. H. — *Union centrale*, 1880. M. B.
Meubles et boîtes à musique, fantaisie en bois.

138. COUTY, LINÉ et KLEIN, facteurs d'orgues
et pianos. 7, *place Voltaire.*
Pianos et harmoniums.

139. GAVEAU (Joseph), facteur de pianos. 47, *rue Servan.*
Paris, 1878. M. O.

140. GAVIOLI fils, facteur de pianos. 15, *rue des Charbonniers.*
Pianos et harmoniums.

141. HERZ (Henri), facteur de pianos. 48, *rue de la Victoire.*
Paris, 1867. M. O. hors concours. — 1878. R. M. O.

142. PRUVOST (Victor), facteur de pianos. 56, *faubourg Poissonnière.*
Paris, 1878. M. A.

143. PRUVOST (Henri), br. s. g. d. g. Maison fondée en
1853, usine à vapeur, seule fabrique et maison de vente, 77, *rue Saint-Maur.*

144. PLEYEL, WOLFF et Cie, facteurs de pianos à Paris. Mag., administration et salle de concert. 22, *r. Rochechouart.* Succursale pour la location, 95, *r. Richelieu.* Chantiers, ateliers et usine à vapeur, 15, *route de la Révolte et route d'Épinay* (St-Denis).

Voir annonce page 3 de la couverture.

145. TOMASINI (Louis), fabricant de pianos. 149, *rue Oberkampf.*

Pianos palissandre droits et obliques. Guide-accords, clavecins.

DEUXIÈME GROUPE. — LES TISSUS

PREMIÈRE SECTION

DIXIÈME CLASSE.

Matières premières. Mises en carte. Métiers en mouvement.

146. BESSON (Henriette). 23, *rue du Rocher.*
Appareil, fourche à franges.

147. ESCALES et HATRY. 41, *Stamford street.* Londres.
Matières textiles.

148. JEANSAUME (Antoine), mécanicien. 264, *boulevard Voltaire.*
Machine à plisser les étoffes.

149. LABRE (Armand) et **CHARDON.** 6 et 8, *rue Saint-Benoît.*
Machines coupeuses pour tissus, papiers, bois, cuirs, caoutchouc, zinc, etc.

150. LEMONNIER (Th.-Émile), fabricant de peignes à tisser. 23, *rue Blondel.*

Paris, 1878. M. H.

Métier de vingt-quatre hautes lisses à deux marches.

151. MAUNY, mécanicien. 85, *rue du Chemin-Vert.*

Machines à couper les tissus.

152. SIMON (Mme). 14, *rue de l'Ascension* (Bruxelles-Nord).

Paris, 1878. M. A.

Établissement séricicole.

ONZIÈME CLASSE.

Dessins et modèles des artistes.

153. BORST (Emmanuel), dessinateur. 45, *rue de Cléry.*

Modèles de dessins pour étoffes d'ameublements.

154. FUHR (Mlle), directrice d'atelier de broderie *à Hanau-sur-Mein* (Allemagne).

Grandes broderies allemandes de différents genres, service à thé pour douze couverts.

155. HERBINET, dessinateur. 16, *rue Custine.*

Maquettes, stores et guipures.

156. LOZIER, dessinateur. 8, *rue du Boulot.*

Composition pour étoffes d'impression. Chambre à coucher.

157. MENON (Mlle Marie), professeur de dessin. 4, *rue Fromont* (Levallois-Perret).

Dessin professionnel de la coupe des vêtements.

158. MICHEL-LANGELIER (Mme), artiste peintre. 2, *rue de Breteuil.*

Éventail original n'ayant jamais été reproduit.

159. TINANT (Henri-Louis-Ernest), dessinateur. 4, *rue Rennequin.*

Un dessin tissus.

DEUXIÈME SECTION. — AMEUBLEMENT

DOUZIÈME CLASSE.

Tapisserie et tapis.

160. MANUFACTURE NATIONALE DES GOBELINS, tapisseries. *Chef d'atelier :* M. F. COLLIN.

Flamma, modèle de M. Lechevallier-Chevignard.
MM. Cochery pour la figure, Duruy Louis et de Brancas, pour l'architecture et la bordure. Destinée au musée céramique de Sèvres.
Pictura, modèle de M. Lechevallier-Chevignard.
MM. Schaiblé et Vernet, pour la figure; Defonte, Lheureux et de Brancas, pour l'architecture et la bordure.
La Musique militaire, modèle de J.-B. Chardin, pour le sujet — de M. Ch. Durand, d'après un motif du xviii° siècle, pour la bordure. M. Pommeret.
La Musique champêtre, modèle de J.-B. Chardin, pour le sujet — de M. Ch. Durand, d'après un motif du xviii° siècle, pour la bordure. M. E. Rousseau.

161. MANUFACTURE NATIONALE DE BEAUVAIS.

Grand panneau, motifs d'architecture, fleurs, vase et fruits.
Modèle de M. Chabal-Dussurgey; artistes tapissiers : MM. Lacroix-Senau, Beaucousin, A. Mahu.
Le Loup devenu berger, modèle d'après Oudry; artistes tapissiers : MM. Vérité-Pinchon, Soufflier.
Le Coq et la Perle, modèle d'après Oudry; artistes tapissiers : MM. Ch. Lévèque, S. Mahu, Cantel.

Siège de canapé, style Louis XVI, fleurs sur fond blanc, bordure rose.
Modèle de M. Chabal-Dussurgey ; artistes tapissiers : MM. Vérité, Caron.
Dossier de canapé, style Louis XVI, fleurs sur fond blanc, bordure rose.
Modèle de M. Chabal-Dussurgey ; artistes tapissiers : MM. E. Livier,
Lalonde.

162. BRAQUENIÉ et Cⁱᵉ, fabricants de tapis. 16, *rue Vivienne*. Londres, 1851. P. M. — Paris, 1855. M. d'honneur. — Londres, 1862. P. M. — Paris, 1867. M. O. — Vienne, 1873. M. P. — Philadelphie, 1876. M. O. — Paris, 1878. Grand prix.

163. BOURNARET, frères. *A Felletin.* (Creuse).

Tapis de Felletin et d'Aubusson.

164. CHOCQUEEL Frères et Neveux, fabricant de tapis et tapisseries. 18 *et* 20, *rue Vivienne*.

165. DALSÈME, cachemires des Indes. 21, *rue Saint-Marc*.

Tapis de pied des Indes, de Perse, de Turquie, etc. Soieries de Chine pour meubles.

166. DEREPAS sœurs (Mᵐᵉˢ), *brodeuses*. 38, *rue Saint-Sulpice*.

Tapisseries, broderies.
Voir classe 15.

167. DUPLAN et HAMOT. 75, *rue de Richelieu*.

Tissus d'ameublement.
Voir classe 13.

168. OTTO (Mᵐᵉ Eugénie-Joséphine). 11, *rue Tiquetonne*.

Tapisseries à l'aiguille.

169. RETTER jeune, tapissier. 6, *rue de Lille*.

Tentures artistiques, fixes ou mobiles, à couleurs inaltérables ; panneaux et dessus de porte ; compositions inédites et reproductions.

Chiens d'arrêt de de Penne.

**170. SOCIÉTÉ DES TENTURES ARTIS-
TIQUES.** 22, *rue Caumartin.*

Œuvres originales et copies sur tissus de laine, de soie, de velours,
drap, etc.
Reproductions de tapisseries anciennes des Gobelins, des Flandres.
Voir ci-contre l'annonce illustrée.

171. THILLOU (Louise), 408, *rue Saint-Honoré.*

Un tapis.

172. WALLET (Henri-Sylvain), fabricant de tapisseries,
5, *rue de l'Ouest* (à Neuilly-sur-Seine).

Tapisseries restaurées et tapisseries neuves.

TREIZIÈME CLASSE.

*Tissus et Tentures, brochés et imprimés; soie, laine, coton,
matières diverses.*

173. BELLAN (Eugène). 196, *rue Saint-Antoine.*
Paris, 1878. M. B.
Stores peints.

174. Cⁱᵉ LINCRUSTA-WALTON. 17, *rue Lafayette,*
Paris. Imperméable pour tentures murales, lambris, bordures et
frises. Récompenses à Paris en 1878, New-York 1879, Melbourne,
Strasbourg et Francfort en 1881.

175. COUBRUN, DARRACQ et Cⁱᵉ. 17, *rue Saint-
Joseph.*
Relief sur étoffes et cuirs, reproductions artistiques sur étoffes.

176. DUPLAN ET G. HAMOT, 75, *rue Richelieu.*
Tissus d'ameublement.
Voir classe 12.

177. HARINKOUK (Amand), fabrique spéciale de tissus
pour ameublement à Roubaix (Nord). Dépôt à Paris, 42, *rue des
Jeûneurs.*
Paris, 1878. M. O.

178. HUTCHINSON ET Cⁱᵉ. 21, *boulevard Hauss-
mann.*
Linoléum, tentures.

179. JARROT (Mˡˡᵉ), fabricante de tissus d'ameublement.
31, *boulevard Henri IV,*
Paris, 1878. M. A.
Sièges de luxe, paravents, écrans, tables à ouvrage.

LEGRAND FRÈRES

VELOURS FLORENTIN.

Dessin Louis XVI, gravé au burin sur planche de cuivre.

Impression EN RELIEF de Legrand frères, 8, rue Sainte-Foy, à Paris.

VELOURS FLORENTIN.

Dessin Renaissance gravé au burin sur planche de cuivre.

Impressions EN RELIEF de Legrand frères, 8, rue Sainte-Foy, à Paris.

180. LEGRAND frères, neveux et successeurs de **A. HERBET,** à Paris, 8, *rue Sainte-Foy,* et 10, *rue Saint-Spire.* Breveté S. G. D. G.

Manufacture d'impressions en relief sur étoffe. Tapis de table. Velours florentin. Imitation broderies or et argent.

M. B. *Exposition universelle,* 1867. — M. A. *Exposition universelle* 1878.

Voir ci-contre l'annonce illustrée.

181. LHEUREUX fils, *Longpré - les - Corps - Saints.* (Somme).

Paris, 1878. M. B.

Divers tissus pour tentures et ameublements.

182. MARIE LÉVY ET LAUER, 5 *bis, rue de Paris,* à Puteaux (Seine).

Tissus brochés et imprimés, passementeries pour ameublements.

183. MESNARD, fabricant de bourrelets, tissés au métier. 156, *boulevard Saint-Germain.*

Paris, 1878. Seul système médaillé.

184. DOLFUS MIEG et Cie. *Associés gérants :* Frédéric Engel père; Gustave Dolfus; Frédéric Engel fils; Alfred Engel. — *Associé commanditaire :* Jean Dolfus, à Mulhouse, Dornach et Belfort. Dépôt à Paris, 9, *rue Saint-Fiacre.*

Filatures de coton, retorderie, tissage mécanique, blanchiment, impression.

185. SAUVAGE, fabricant de soieries. 16, *rue Vivienne.*

186. SYNDICAT DES IMPRIMEURS ALSA-CIENS, à *Mulhouse* (Alsace).

Étoffes tissées et imprimées.

187. SCHŒFFER LALANCE et Cie, Pfastatt (Alsace). Anciennement H. Haeffely et Cie, maison à Paris, 13, *rue de Cléry.*

Teintures, impressions et apprêts à façon de tous tissus de coton.

Meubles, robes, chemises, articles deuil, lavallières, foulards, parapluies, ombrelles.

Moleskines unies et imprimées, vêtements d'enfants, gilets, corsets double face et teints.

Piqués et articles façonnés blancs et couleurs.

Doublures de toutes sortes, imprimées et teintes pour vêtements, meubles, chapelleries, etc., etc.

188. SCHEURER ROTT et Cie, à Thann (Alsace).
Paris, 9, *rue d'Uzès*. Mulhouse, 14, *faubourg de Belfort*. Londres,
1, *rue Milton Buildings Watling Street*.

Impressions sur tissus de coton, de laine et sur tissus mélangés, au
rouleau et à la main : chemises, robes, meubles, tentures artistiques.

189. SCHLUMBERGER fils et Cie. *Mulhouse, Belfort, Paris.*

Filature, tissage, impressions, teintures, calicots écrus et blancs; cretonnes, satins, doublures en tout genre, moleskines teintes et imprimées, velours de coton, velours à côtes, impression haute nouveauté pour chemises, robes et meubles.

190. STEINER (Charles), à Ribeauvillé. Représenté à Paris
par M. Ch. Rumpler, 8, *rue Beauregard*.

Teintures et impressions sur tissus de coton, spécialité de rouge Andrinople.

191. THIERRY-MIEG et Cie, fabricants d'impressions
sur tous tissus. Paris, 40, *rue des Jeûneurs. Associés :* Charles Thierry
Mieg, *à Paris*. Auguste Thierry Mieg, *à Mulhouse*.

Fabricants d'impressions sur tous tissus.

192. WEISS frères, à Mulhouse. Paris, 23, *rue des Jeûneurs*. Londres, 46, *Friday Street*.

Impressions sur tissus de coton, spécialité de meubles imprimés.

QUATORZIÈME CLASSE.

Rideaux blancs et linge de table, brochés et brodés, lin, coton, etc.

193. BABEY, manufacturier. *Saint-Pierre-lès-Calais* (Pas-de-Calais). — Philadelphie, 1876. M. B. — Paris, 1878. Deux M. A. — Sydney, 1878. 2° Récompense. — Melbourne, 1880. M. de 1er mérite.

Rideaux, guipures. — Voir classe 21.

Ornement d'ambons, de chaires, etc., en mosaïque.

GRAVURE EXTRAITE DE **LA MOSAIQUE**
Par GERSPACH

Ouvrage faisant partie de la
BIBLIOTHÈQUE DE L'ENSEIGNEMENT DES BEAUX-ARTS

Publiée par la maison A. QUANTIN, 7, rue St-Benoît, Paris
(Voir au verso.)

194. COMPAGNIE FRANÇAISE DE CELLULOID. 11, *rue Bailly.*

Linge américain.

195. HOCHSTADTER, *Vienne* (Autriche).

Articles de broderie et linge de table.

196. MEUNIER ET Cie, fabricants de linge damassé. 6, *boulevard des Capucines.*
Union centrale, 1865. M. O. — Paris, 1867. M. O. — *Union centrale,* 1869. M. O. — Vienne, 1873. M. O. — Paris, 1867. 2 M. O.

Voir classe 20.

QUINZIÈME CLASSE.

Broderies à la main, broderies à la mécanique.

197. DEREPAS sœurs, brodeuses. 38, *rue Saint-Sulpice.*

Tapisseries, broderies.
Voir classe 12.

198. FOULON (Mlle Emma). 45, *rue Richer.*

Broderies artistiques pour ameublement. Tapisserie, appliques, reproduction, restauration de broderies anciennes.

199. JOLIFIÉ. 13, *rue des Fontaines-du-Temple.*

Broderie mécanique artistique.
Créateur de cette industrie en 1867.

200. MARCOTTE ET Cie, décorateurs (Union square à New-York). Dépôt à Paris, 11, *avenue de l'Opéra.*
Paris, 1878. M. O.

Broderies et décorations artistiques.

Broderies

201. MEYER (Marie). *Wandrahmusbrücke*, 5, à Hambourg.
Broderies à la main.

L'établissement se charge de garnitures complètes pour chambres à coucher et cabinets de toilette en ce qui concerne la lingerie et les rideaux. Grand assortiment de tapisseries échantillonnées. Étoffes et soies à broder ne déteignant pas à la lessive. Fournitures, etc.

Voir ci-contre l'annonce illustrée.

202. OTTO (Émile), dessinateur-brodeur. 34, *rue Dauphine.*

203. SAVOURÉ (Mme Cécilia), brodeuse. *Ferme du pré Catelan.*

Peinture à l'aiguille.

204. SIRAN (Jean-Baptiste), fabricant de filets pour guipures d'art. 123, *rue Saint-Martin.*

Paris, 1855. M. O.

205. STEIGER-MEYER, fabricants de broderies au crochet et à la mécanique. *A Hérisau* (Suisse).

Spécialité de rideaux et stores blancs et en couleurs.
Voir classe 20.

SEIZIÈME CLASSE.
Passementeries.

206. CHATTÉ. 73, *rue Saint-Honoré.*
Passementerie pour ameublement.

DIX-SEPTIÈME CLASSE.
Tapissiers-décorateurs ; ensembles décoratifs.

207. DAMON et Cie, fabricants de meubles d'art. 74, *faubourg Saint-Antoine.*
Tapisserie-ébénisterie.
Voir 1er groupe, classe 5.

208. DIENST (Eugène). 16, *faubourg Saint-Antoine.*
Tapisseries, ameublements.
Voir 1er groupe, classes 5 et 6.

209. FOURDINOIS. 46, *rue Amelot.*
Tapisserie, ameublements.
Voir 1er groupe, classe 5,

210. GILBERT. 7, *avenue Parmentier.*
Meubles et sièges, tapisseries.
Voir 1er groupe, classe 6.

211. GIMÈRE (Charles), tapissier. 34, *rue de Penthièvre.*
Paris, 1878. M. H.
Divans-lits sans mécanisme, brevetés s. g. d. g. Tapisserie, décoration.

GRAND PANNEAU EN SYLVAIN DÉCOR
Composé par M. Clais et exécuté sous sa direction dans les ateliers
de la maison Juncker père, fils et Cie.

212. JUNCKER père, fils et Cie**. 6, *rue Boursault.***

Le Sylvain Décor. — Décoration artistique par l'emploi des plantes naturelles métallisées. Procédé Juncker fils, breveté S. G. D. G.

Paris, 1878. M. B.

213. LÉON, tapissier. 9, *rue Tronchet.*

Siéges, tentures, ébénisterie.

214. LEMAIGRE, tapissier. 14, *rue de Birague.*

Paris, 1855. M. B. — *Union centrale,* 1874. M. B. — 1876. R. M. B. Paris, 1878. M. A.

Meubles mécaniques tentures.

215. LENOIR (Félix), dessinateur. 83, *rue de Rennes.*
Union centrale, 1874. M. B. — 1876. R. M. B.

Dessins originaux pour ameublements.
Voir 1er groupe, classe 2.

216. LEROUX et fils. 80, *rue Montmartre.*

Canapés-lits et divans-lits.

217. MERCIER frères, tapissiers-ébénistes. 100, *faubourg Saint-Antoine.*

Voir 1er groupe, classe 5.

218. PECQUEREAU, tapissier-ébéniste. 7, *rue du Chemin-Vert.*

Meubles et tapisseries.
Voir 1er groupe, classe 5.

219. DE LA PRADE (Mme). 252, *boulevard Saint-Germain.*

Colonne sculptée, peluche.

220. SOCIÉTÉ ANONYME DU VIEUX CHÊNE, fabricants de meubles et tapisseries. 69-71, *rue Beaubourg.*

Paris, 1867. M. B. — 1878. M. B.

Un boudoir-salon.
Voir 1er groupe, classe 5.

DIX-HUITIÈME CLASSE.

Tissus brochés ou imprimés pour vêtements, soie, laine, lin, coton, etc.

221. CROUVEZIER, fabricant de broderies sur tissus de lin. Paris, 24, *rue du Sentier*, et à Nancy (Meurthe-et-Moselle). Londres, 1851. M. B. — Paris, 1855. M. A. — 1878. M. O.

222. DESROYS (Mlle Louise), 94, *rue Pixerécourt.*

Éventails.

223. SYNDICAT DES IMPRIMEURS ALSACIENS (Mulhouse).

224. DOLFUS, MIEG et Cie. *Associés gérants :* Frédéric Engel père. Gustave Dolfus. Frédéric Engel fils. Alfred Engel. *Associé commanditaire :* Jean Dolfus, à Mulhouse, Dornach et Belfort. Dépôt à Paris, 9, *rue Saint-Fiacre.*

Filatures de coton, retorderie, tissage mécanique, blanchiment, impression.

225. SCHÆFFER, LALANCE et Cie. *Pfastatt* (Alsace). Anciennement H. Haeffely et Cie. Maison à Paris, 13, *rue de Cléry.*

Teintures, impressions et apprêts à façon de tous tissus de coton, meubles, robes, chemises, articles deuil, lavallières, foulards, parapluies, ombrelles, moleskines uhies et imprimées, vêtements d'enfants, gilets, corsets double face et teints, piqués et articles façonnés blancs et en couleurs, doublures de toutes sortes imprimées et teintes pour vêtements, meubles, chapelleries, etc., etc.

226. SCHEURER, ROTT et Cie à Thann (Alsace). Paris, 9, *rue d'Uzès.* Mulhouse, 14, *faubourg de Belfort.* Londres, 1, *Milton Buildings Watling street.*

Impressions sur tissus de coton, de laine et sur tissus mélangés, au rouleau et à la main, chemises, robes, meubles, tentures artistiques.

227. SCHLUMBERGER fils et Cⁱᵉ. Mulhouse, Belfort, Paris.

Filature, tissage, impressions, teintures, calicots écrus et blancs, cretonnes, satins, doublures en tout genre, moleskines teintes et imprimées, velours de coton, velours à côtes, impressions haute nouveauté pour chemises, robes et meubles.

228. STEINER (Charles), à Ribeauvillé, représenté à Paris, par M. Ch. Rumpler, 8, *rue Beauregard.*

Teintures et impressions sur tissus de coton, spécialité de rouge Andrinople.

229. THIERRY MIEG ET Cⁱᵉ, fabricants d'impressions sur tissus. Paris, 40, *rue des Jeûneurs.* — *Associés :* Charles Thierry Mieg à Paris, Auguste Thierry Mieg à Mulhouse.

230. WEISS frères, à Mulhouse. Paris, 23, *rue des Jeûneurs* ; Londres, 46, *Friday Street.*

Impressions sur tissus de coton, spécialité de meubles imprimés.

231. TERRÈNE (Mathilde). 10, *rue du Marché-Saint-Honoré.*

Poupées costumées.

232. VOISIN, fabricant d'éventails. 18, *rue Louis-le-Grand.*

DIX-NEUVIÈME CLASSE

VINGTIÈME CLASSE.

Broderies, tricots et filets.

233. DIRECTOIRE COMMERCIAL DE St-GALL. *A Saint-Gall* (Suisse).

Broderies à la main et à la mécanique.

234. ALDER ET RAPPOLT, fabricants de broderies. *Saint-Gall* (Suisse).

Articles haute nouveauté.

235. E. BERLOCHER, fabricant de broderies à la mécanique. *A Saint-Gall* (Suisse). A. de Donker, représentant et dépositaire. 29, *rue du Sentier*, Paris.

236. BION ET FSCHUMPER, fabricants de broderies à la mécanique. *Kroubull* (près Saint-Gall).

237. GIGER frères, fabricants de broderies à la mécanique. *Degersheim* (Suisse).

(*a*) Robe brodée sur mousseline, plein fond, sans découpage, faite par le métier même.

(*b*) Dentelle riche, brodée sur tulle, sans découpage, faite par le métier même.

Voir classe 21.

238. KUHN frères, fabricants de broderies à la mécanique. *A Degersheim* (Suisse).

239. FH. LOPPÉ ET Cie, fabricants de broderies mécaniques. *Saint-Gall* (Suisse).

Spécialité en articles haute nouveauté.

240. ADOLPHE NAEF ET Cie, *Saint-Gall* (Suisse). Paris, 23, *rue du Sentier*.

Spécialité de nouveautés et de broderies fines à la mécanique et à la main.

241. JEAN PFANDLER, fabricant de broderie. *Rheinegg* (Suisse).

Spécialité en articles fantaisie et soie.

242. RITTMEYER ET Cie, fabricants de broderies. *Saint-Gall* (Suisse).

Spécialité en articles décoratifs et en nouveautés.

243. F. SCHELLING-RUESCH, fabricant de broderies. *Rheinegg* (Suisse).

Spécialité de broderies à la main.

244. STEIGER-MEYER, fabricant de broderies au crochet et à la mécanique. *Hérisau* (Suisse).

Spécialité de rideaux et stores blancs et en couleurs.
Voir classe 15.

Artistes et Écrivains d'art morts pendant l'année 1881.

GRAVURE EXTRAITE DE L'ANNÉE ARTISTIQUE

Par Victor Champier

Publiée par la maison A. QUANTIN, 7, rue St-Benoît, Paris

(Voir au texte.)

7

245. R. SUTTER-DORIG, fabricant de broderies à la main. *Appenzell* (Suisse).

246. WIGET-MULLER. *Arbon* (Suisse).

Broderies mécaniques brevetées. Eubvoidered lacé.

247. MEUNIER ET Cie, grande maison de blanc, fabricants de linge damassé. 6, *boulevard des Capucines.*

Voir classe 14.

VINGT-UNIÈME CLASSE.

Dentelles, guipures et tulles.

248. BABEY, manufacturier. *Saint-Pierre-lès-Calais* (Pas-de Calais).

Rideaux, guipures.
Voir classe 14.

249. GIGER frères, fabricants de broderies à la mécanique. *Degersheim* (Suisse).

(*a*) Robe brodée sur mousseline, plein fond, sans découpage, faite par le métier même.
(*b*) Dentelle riche, brodée sur tulle, sans découpage, faite par le métic même.
Voir classe 20.

250. LEFÉBURE frères, fabricants de dentelles. 15, *boulevard Poissonnière*

Dentelles véritables.

251. STRAMITZER (Joseph), fabricant de dentelles. *Vienne* (Autriche).

Dentelles et étoffes.

252. WARÉE (Adrien). 19, *rue de Cléry.*
Paris, 1878. M. O.
Rideaux, guipures artistiques à la main.

VINGT-DEUXIÈME CLASSE.

Costumes confectionnés : ecclésiastiques, civils, militaires, etc.

253. BOULAY, (Jean-Louis), fabricant de cravates. 83, *faubourg Saint-Denis.*

254. DACIER (Mme Narcisse), 8, *rue du 4 Septembre.* Paris, 1878. M. B.

Corsets de luxe.

255. HUUGHE (Mme Victorine), couturière. *22, rue de l'Odéon.*

Robes confectionnées.

256. LOUVEL et Cie, costumes en gros. *65, rue Montmartre.*

Costumes pour dames.

TROISIÈME GROUPE. — LE PAPIER

PREMIÈRE SECTION

VINGT-TROISIÈME CLASSE.

Matières premières ; outils et procédés ; papiers transformés et papiers spéciaux.

257. BARDOU JOB (Pierre), manufacturier. *Perpignan* (Pyrénées-Orientales).

Papiers à cigarettes.

258. BARDOU (Joseph) & fils, fabricants à *Perpignan.* Maison à Paris, 142, *faubourg Saint-Denis.* Usine fondée en 1849. Brevetés et seuls récompensés à l'Exposition universelle de 1855 pour la supériorité de leurs **papiers hygiéniques parfumés.** Onze médailles argent et bronze.

Seuls inventeurs, préparateurs des papiers « **Bardou-Extra** » et « **Vrai Goudron de Norwège** ».

Papiers à cigarettes en cahiers, en paquets et en rames de tous les formats.

259. BAUBIET (Léon), fabricant de cartonnages. 24, *rue de l'Entrepôt.*

Paris, 1878. M. B.

Bois, cartons et tissus.

260. BÉGUIN (Antoine). **222,** *rue de Rivoli.*

Cartonnages.

261. BELLAVOINE, éditeur-fabricant. 142, *rue du Faubourg-Saint-Denis,* Paris.

2 M. A. *Académie nationale,* 1873-1879. — M. H. *Exposition universelle,* 1878. — M. B. 1855.

Papiers quadrillés pour mise en carte de dessins Jacquard. Seule maison possédant les papiers nécessaires à la fabrication de tous les genres de tissus.

262. BELLAVOINE jeune. 6, *passage Sainte-Avoye ;* 62, *rue du Temple.*

Diplôme d'honneur, mentions et médailles aux Expositions de 1839, 1844, 1845, 1876, 1878.

Fabrique de registres perfectionnés. Impressions artistiques pour le commerce et la Banque.

Usine à vapeur.

263. BLANCHET FRÈRES et **KLEBER,** fabricants à *Rives-sur-Fure* (Isère). 35, *boulevard des Capucines.*

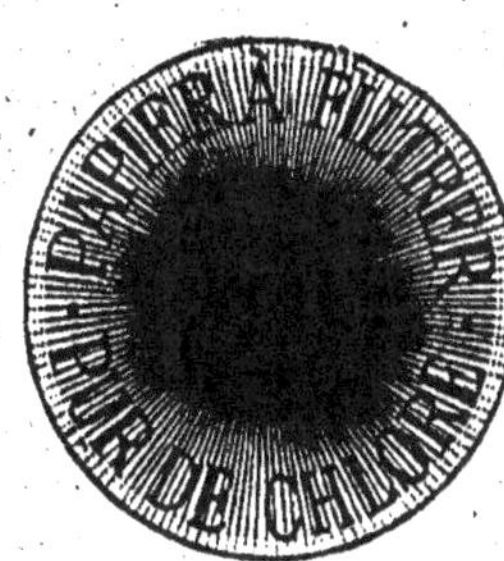

HENRI BRIEU ET Cie,

FABRICANTS DE PAPIER FILTRE ROND

Rue Vieille-du-Temple, 113

PARIS

Spécialité de filtre blanc fort et extra fort pour le filtrage des huiles et essences pour la parfumerie.

264.

265. BRISSARD, mécanicien-constructeur. 101, *Rue Claude-Decaen.*

Machine à régler le papier.

(Voir page 104, annonce illustrée).

266. CAILLAULT ET LEVASSEUR, fabricants de papiers dentelle. 10, *Rue Quincampoix.*
Paris, 1878. M. B. — Melbourne, 1880. M. B.

Cartonnages.

267. CHOUANARD, fabricant de carton de paille et de pâte. 6, *Rue Thénard.*

268. COMPAGNIE DES MATIÈRES PLAS-TIQUES, fabricants. 325, *Rue Saint-Martin.*

Matières à base cellulose.

269. CORBEL, sculpteur. 59, *Rue de Vaugirard.*
Paris, 1878. M. H.

Modèle de porte, style XIIe siècle.
Voir 1er groupe, classe 7.

270. DAGRON et Cie, fabricants de papiers autographiques. 80, *faubourg Saint-Denis.*

(Voir page suivante.)

270. SOCIÉTÉ FRANÇAISE D'AUTOGRA-PHIE DAGRON ET Cie, 80, *rue du faubourg-Saint-Denis,* Paris.

Exposition Internationale 1865. Porto. M. B. — *Internationale* 1865. M. B. Berlin. — 1865. G. M. Dublin, *Internationale.* — 1876. M. B. Paris, *Photographie.* — 1878, M. A. Paris, *Exposition universelle.*

Médaille de la ville de Paris, pour services rendus, siège 1870-1871.

PAPIER AUTOGRAPHIQUE, ENCRES D'ANILINE, ARTICLES SPÉCIAUX POUR L'EMPLOI DU PAPIER AUTOGRAPHIQUE.

ENCRES A ÉCRIRE

Depuis quelques années, on s'est beaucoup occupé, tant en France qu'à l'étranger, des moyens de reproduire et de multiplier facilement les écritures, plans, dessins, etc.

M. Dagron a fait un grand pas dans cette voie, par l'invention de son papier mixtionné pour lequel il prit un brevet en 1879, sous le n° 121,662, et auquel il donna son nom. **Autographe Dagron.** Ce papier est actuellement employé dans les ministères, chemins de fer, grandes administrations, etc.

Il n'exige aucune des opérations longues et désagréables telles que lavages, essuyages, etc., que nécessitent les pâtes ou les autres papiers destinés au même usage.

Ce papier, qui permet d'obtenir des reproductions même dans les plus grandes dimensions, est fabriqué mécaniquement dans notre usine de Saint-Denis.

L'outillage perfectionné que nous avons créé pour la fabrication des encres d'aniline violette et de couleurs, spéciales pour le papier autographique, ainsi que les études que nous avons faites à cette occasion, nous ont engagé à entreprendre aussi la fabrication des encres à écrire, *d'une composition chimique nouvelle* que nous exposons actuellement.

Elles nous semblent offrir comme pureté et beauté de couleurs des avantages que ne présentent pas celles du commerce. Elles ne rongent et ne transpercent pas le papier, et, à ce titre, nous pensons qu'elles ont surtout bien leur place dans une exposition de la papeterie où figurent déjà les encres d'imprimerie.

Elles sont d'ailleurs appelées à être appréciées par un jury dont les honorables membres, choisis parmi les sommités de la papeterie, possèdent sur cette matière des connaissances exceptionnelles.

271. D'AVID et PATOUEILLE. 4, *Rue Montyon.*

Pâtes de bois de l'Ain.

272. DIOT. 70, *Rue d'Angoulême.*
Paris, 1878. M. H.

Machines à plier et à découper les enveloppes de lettres.

273. DUCROQUET et Cie, fabricants de registres, cartes d'échantillons, enveloppes. 42, *Rue de Cléry.*
Paris, 1855. M. B. — Paris, 1867. M. B. — Paris, 1878. M. A.

274. DUCROQUET et Cie, fabricants de papiers cirés. 90, *Route de Saint-Germain à Puteaux* (Seine).

275. ESCHER, WYSS et Cie. *Zurich* (Suisse).
Paris, 1878. M. O.

Machines à apprêter le papier.

276. FOSSEY, fabricant de cartonnages. 92, *Rue du Faubourg-du-Temple.*
Paris, 1878. M. B.

Cartons de bureaux et autres.

277. GOLDSTEIN. 72, *faubourg du Temple.*

Papier à lettre avec initiales.

278. HATTERER. 15, *Passage Tocanier.*
Vienne, 1873. M. P. — Paris, 1867. M. B. — Paris, 1878. M. A.

Papiers à cigarettes. Persan, paille de riz.

279. IMBRYCZEK, papetier. 12, *Rue Houdard.*
Papeteries et photographies.
Voir classe 30.

280. LACOLLÉ, fabricant de papiers peints. *Rue Satory* (Versailles).

Papier imperméable contre l'humidité des murs.

281. LATRY, ✳. 12, *Boulevard Saint-Martin.*
Paris, 1867. M. A. — Paris, 1878. M. A.
Papiers imprimés, papier porcelaine.

282. LOTZ (Arthur). 54, *rue d'Hauteville.*

Presse-attaches Mac-Gill; presse à levier pour attaches Mac-Gill; attaches parisiennes; nouvelles attaches à épingles; machine à couper échantillons; appareil pour fixer étiquettes.

283. LUTZ KNECHTLE, décorateur sur verre à froid. *Trogen, C. T. Appenzelle, Schweiz* (Suisse.)

Patrons ajourés en papier.

284. MANNING, fabricant de jeux en carton pâte. 48, *rue Richer.*

285. MARION fils et **Cie,** fabricants d'enveloppes de lettres et papiers de fantaisie. 14, *Cité Bergère.*
Paris, 1855. M. B. — Paris, 1867. M. A. — Paris, 1878. M. O.

286. MOREL, BERCIOUX et MASURE, ❋, fabricants de papiers filigranés. 30, *Rue Mazarine et Arches* (Vosges.)
Paris, 1878. M. O.

287. NÉAL (John W. S.). 248, *Rue de Rivoli.*

Papeterie anglaise.

288. PAGE BOOTH ET Cie, fabricants de papiers. 35, *Boulevard des Capucines.*

Papiers chimiques.

289. PAUL (Alexandre), fabricant de papiers. *A Gemens près Vienne* (Isère.)

290. PLET, fabricant de pinces à ressort pour cartons, papiers, pâtes. 97, *Rue Saint-Maur* (Paris.)
Paris, 1878. M. B.

291 RAVENEL, fabricant de papiers de dentelles, 50, *faubourg Saint-Martin.*

292. SOCIÉTÉ ANONYME DES PAPETERIES DU MARAIS ET DE SAINTE-MARIE. L. Dumont, ✳, directeur ; Dépôt à Paris, 3, *rue du Pont-de-Lodi.* E. Gruintgens, agent.

Médailles : argent 1819 ; or 1834 ; 1839 ; 1844 ; 1849. — Prize Medal, 1851, Londres ; — Argent 1855 ; — Hors concours, 1867 ; — Diplôme d'honneur, Vienne, 1873 ; — Grand prix, Paris, 1878. — Deux médailles d'argent, Melbourne, 1881.

Papiers fins pour impressions, lithographie et taille-douce, papiers de couleurs simples et *doublés,* papiers de cuve filigranés pour actions et *billets de banque,* papiers buvards fins. Cartons pour boîtes, cartons Jacquard, bulles fins.
Dix usines dans le département de Seine-et-Marne.

2 93. SOCIÉTÉ GÉNÉRALE DES DOCKS DE LA PAPETERIE. 74, *Rue du Temple.*

Papiers et sacs en papier.

2 94. TRONCHET (Auguste), peintre. *Rue Lauzun* (Belleville).

Décoration sur papier à lettres et cartes de visites.

Objets de la Chine et du Japon.

295. **J. DE VIGAN** et **C¹ᵉ**, *Yokohama* (Japon). 201,
49, rue de la Victoire, Paris.

Bronzes, porcelaines, meubles, étoffes, soies, thés, papiers du Japon
et de Chine. Matières premières.

(Voir ci-contre l'annonce illustrée.)

296. **WOGUE** et **LÉVY**, jeux tabletterie. 8, *rue des
Archives.*

Cartonnages, jeux divers.

VINGT-QUATRIÈME CLASSE.

*Imprimerie. Machines à imprimer, caractères, encres, couleurs,
clichage.*

297. **ANDRÉ fils** (Alfred), ingénieur civil. 27, *rue Morère.*

298. **APPEL** (François-Antoine), imprimeur‑lithographe.
12, *rue du Delta.*

Tableaux sur toile et autres affiches, chromo, etc.

299. **BÉCUS**, imprimeur typographe. 124 *bis, boulevard
de Vaugirard.*

Impressions.

300. **CARBONNIER.** 7 *bis, rue Neuve-Popincourt.*

Machine à régler simultanément avec l'impression.

301. **CAUDERON**, fabricant d'encres. 6, *rue du Pont-de-
Lodi.*

Paris, 1878. M. H.

Encre d'imprimerie.

302. **CHAMPENOIS** et **C¹ᵉ**, imprimeurs-éditeurs. 66,
boulevard Saint-Michel.

303. **GOUVREUX** (Eugène), fabricant d'appareils à imprimer. 34, *rue des Archives.*

Monogrammes.

304. **DANEL**, imprimeur. *Lille* (Nord).
Paris, 1878. M. O.
Impressions en noir, chromotypographie et lithographie.

305. DE BERNY et C⁹, fondeurs en caractères. 47, rue Visconti.

Paris, 1855. M. B. — 1867. M. A. — 1878. M. O.

Spécimens d'imprimeries et caractères.

306. DUPUY et fils, imprimeurs. 22, rue des Petits-Hôtels.

Exposition universelle 1855. M. A. — 1867. 2 M. A. — 1878. M. O. et M. A. — Londres, 1862. M. H. — Sydney, 1880. Récompense.

Chromolithographies.

307. FIRMIN-DIDOT et Cⁱᵉ, imprimeurs-éditeurs. 56, rue Jacob.

Publications artistiques.
Voir classe 26.

308. FOUCHER frères, mécaniciens. 39, rue Dareau.

Machine à fondre et ustensiles d'imprimerie.

309. GILLOT (Charles), graveur-imprimeur. 79, rue Madame.

Épreuves.

310. AUG. GODCHAUX ET Cie, imprimeurs-éditeurs. 10, rue de la Douane, Paris.

Récompenses à toutes les Expositions. — Paris, 1878. M. O.

Cahiers d'écriture avec modèles gravés et gradués, imprimés mécaniquement en taille-douce et sur papier continu.
Impression mécanique en taille-douce (SYSTÈME GUY), breveté S. G. D. G. pour vignettes, architecture, saintetés et cartes géographiques. Paris, M. O.
Spécimens mécaniques d'impressions.
Voir classe 26.

311. HOUPIED. 8, rue Malebranche.

Caractères d'imprimerie et machines.

312. LANGE (Henri), dessinateur. 32, rue de Sévigné.

Épreuves de dessins autographiques.

313. LAURONCE (Auguste), imprimeur-lithographe sur tissus de toutes nuances. 207, *boulevard Voltaire*.
Paris, 1878. M. B.

314. LEFMAN, photograveur. 57, *rue d'Hauteville*.

Gravures pour impressions diverses obtenues par la photographie.
Voir classe 30.

315. LELM (Otto), fabricant d'appareils. 133, *boulevard Sébastopol*.

Autocopiste noir.

316. LEMERCIER et Cie, imprimeurs-lithographes. 57, *rue de Seine*.

Lithographies, photogravures, photoglypie, gravures.
Voir classe 30.

317. LESPINASSE fils. 79, *rue Dareau*.
Paris, 1878. M. A.

Impression de caractères typographiques.

318. LUCIANI, ingénieur. 50, *rue Saint-Maur (20, cité Dupont)*.

Petites presses d'imprimerie.

319. MARINONI, constructeur-mécanicien. 96, *rue d'Assas*.
Paris, 1878. Grand prix.

Machines.

320. MICHELET (Alphonse). 76, *rue de Rennes*.
Paris, 1878. M. B.

Clichés sur zinc et sur cuivre pour la typographie.
Voir classe 30.

— 115 —

321. MONNOYER (Edmond), imprimeur-éditeur, *Au Mans* (Sarthe).

Mr A. *Exposition universelle 1878*.

Maison fondée en 1618 par *Antoine Monnoyer*.

Voir ci-contre l'annonce illustrée.

322. MONTEILLET (Pierre). 105, *Boulevard Voltaire*.

Presse à imprimer.

323. PETIT et Cie. 8, *boulevard Vaugirard*.

Clichés typographiques.
Voir classe 30.

324. QUANTIN (Albert). imprimeur-éditeur. 7, *rue Saint-Benoît*.

Voir classe 26.

Voir ci-après le détail des publications
relatives aux ARTS DÉCORATIFS

IMPRIMERIE-LIBRAIRIE

A. QUANTIN

IMPRIMEUR DE LA CHAMBRE DES DÉPUTÉS

Anciennes Maisons H. FOURNIER et J. CLAYE

PRÉCÉDENTES RÉCOMPENSES

AUX EXPOSITIONS UNIVERSELLES

PARIS, 1849	**PARIS, 1867**
Médaille d'argent.	Médaille d'or
LONDRES, 1851	**VIENNE, 1873**
Prize Medal.	Médaille de Progrès
PARIS, 1855	**PARIS, 1878**
Médaille d'honneur.	Rappel de Médaille d'or.

Voir à la suite les principales publications relatives aux ARTS DÉCORATIFS

Grand ouvrage in-8° colombier composé de documents absolument inédits et résumant la vie et l'œuvre du maître. Illustré d'une centaine de dessins dans le texte et de planches hors texte d'une similitude absolue de reproduction.

Édition sur papier vélin, avec planches sur papier de Hollande.............. 80 fr.
100 ex. numérotés, texte sur Hollande et 2 suites des planches........... 100 fr.

Publication de la maison A. QUANTIN, 7, rue Saint-Benoît, Paris.

LA RENAISSANCE EN FRANCE

PAR LÉON PALUSTRE

DIRECTEUR DE LA SOCIÉTÉ FRANÇAISE D'ARCHÉOLOGIE

Illustrations sous la direction de EUGÈNE SADOUX

Spécimen réduit et en relief d'une gravure imprimée à l'eau-forte, dans le texte de l'ouvrage.

Cette publication de grand art formera 30 livraisons réunies en 6 volumes (10 pour le Nord et Paris, 5 pour l'Ouest, 5 pour le Centre, 5 pour le Midi, 5 pour l'Est).

Chaque livraison contient 4 à 5 grandes planches hors texte et 15 à 20 planches dans le texte. Toutes ces planches *sont gravées à l'eau-forte* et celles dans le texte sont imprimées directement sur le papier de l'ouvrage et non sur Chine encollé après le tirage. Cette difficulté vaincue donne un grand prix à ces volumes, dont la partie typographique est traitée avec le plus haut luxe. Le format, in-folio colombier, mesure 32 sur 45 centimètres.

PRIX DE CHAQUE LIVRAISON, TEXTE SUR VÉLIN, PLANCHES SUR HOLLANDE : **25 FR.**

20 exemplaires sur whatman, à 60 fr.; 20 sur chine, à 60 fr.; 60 sur hollande à 50 fr.

Publication de la maison **A. QUANTIN**, 7, *rue Saint-Benoît, Paris.*

MÉMOIRES DE BENVENUTO CELLINI

Traduction de LÉOPOLD LECLANCHÉ
NEUF EAUX-FORTES DE LAGUILLERMIE
ILLUSTRATIONS DANS LE TEXTE, EN OR ET EN ARGENT, REPRODUISANT
LES PRINCIPALES ŒUVRES DU MAITRE

Un volume in-8 raisin sur papier à la cuve, 50 fr.
80 ex. sur whatman, avec 2 états, 100 fr. — 25 ex. sur japon impérial, avec 2 états, 200 fr.

Publication de la maison A. QUANTIN, 7, rue Saint-Benoît, Paris.

L'ART
A TRAVERS LES MŒURS

Par HENRY HAVARD

Illustrations par et sous la direction de GOUTZWILLER

Superbe volume grand-8° illustré de plusieurs centaines de dessins dans le texte et de
vingt-cinq grandes planches imprimées hors texte.
Broché, 25 francs. — Relié, 37 francs.

Publication de MM. G. DECAUX et A. QUANTIN,
7, rue St-Benoît, Paris

J.-B. CARPEAUX

Par ERNEST CHESNEAU

Un beau volume in-8° raisin, illustré de nombreuses gravures dans le texte et de planches hors texte reproduisant toutes les œuvres capitales du maître, d'un portrait et d'un fac-similé d'écriture.

Édition sur papier vélin. . . . **20** fr.   *50 ex. numérotés, à* . . . . . **40** fr.

Publication de la maison **A. QUANTIN**, 7, *rue Saint-Benoît, Paris.*

LES ARTS DU MÉTAL

RECUEIL DESCRIPTIF ET RAISONNÉ DES PRINCIPAUX OBJETS D'ART

AYANT FIGURÉ A LA 8ᵉ EXPOSITION (1880) DE

L'UNION CENTRALE DES BEAUX-ARTS APPLIQUÉS A L'INDUSTRIE

Par M. J.-B. GIRAUD

Grand volume in-folio colombier comprenant une Étude historique sur les Arts du métal et cinquante grandes planches en héliogravure reproduisant environ 180 objets, avec des notices spéciales pour chaque planche et une table analytique.

Édition sur papier vélin . . . . 150 fr. | 100 ex. numérotés sur hollande. 300 fr.

Publication de la maison A. QUANTIN, 7, rue Saint-Benoît, Paris.

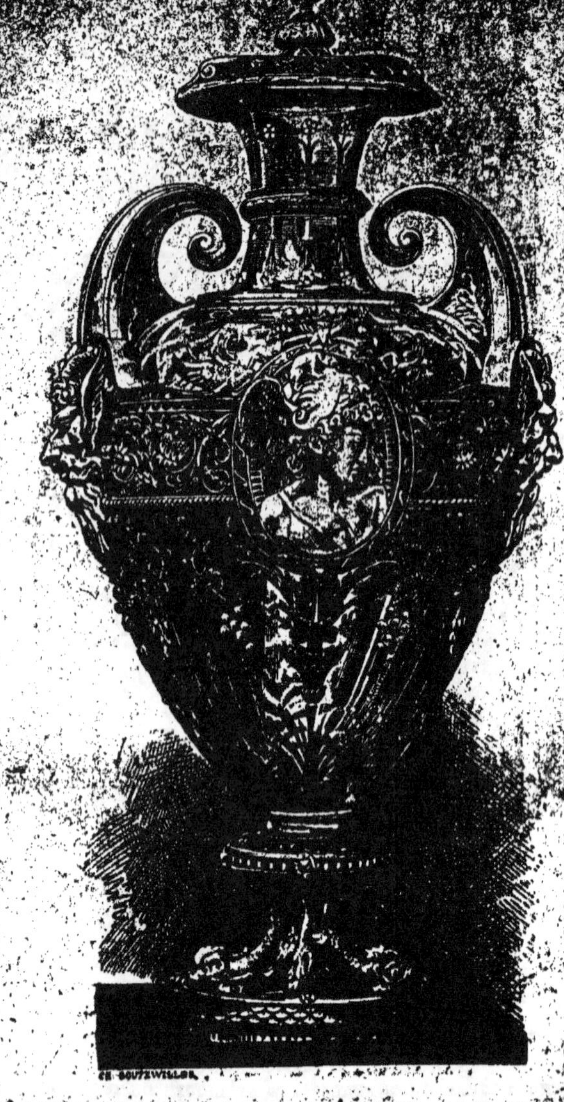

L'ART ANCIEN ET L'ART MODERNE
A L'EXPOSITION DE 1878

Par une série d'écrivains spéciaux, sous la direction de M. LOUIS GONSE,
Rédacteur en chef de la Gazette des Beaux-Arts.

Deux magnifiques volumes in-8° grand colombier, imprimés sur papier teinté, comprenant chacun plus de 500 pages et illustré de plusieurs centaines de gravures dans le texte et de 45 planches à l'eau-forte, exécutées par les meilleurs artistes, en couleur, tirées hors texte. Ce sont les seuls ouvrages complets qui ont été faits sur l'Art à l'exposition universelle de 1878.

CHAQUE VOLUME SÉPARÉMENT, BROCHÉ, 25 fr.; RELIÉ, 35 fr.

Publication de la maison A. QUANTIN, 7, rue Saint-Benoît, Paris.

RECHERCHES SUR
L'ORFÈVRERIE EN ESPAGNE
AU MOYEN AGE ET A LA RENAISSANCE
Documents inédits par le baron Ch. DAVILLIER
Un volume in-4º colombier, illustré d'un grand nombre de gravures dans le texte par
Fortuny, Edouard de Beaumont, etc., et de 19 planches hors texte.
Nºs 1 à 5 sur papier du Japon, 200 fr. — Nºs 6 à 25 sur papier Whatman, 80 fr.
Nºs 26 à 45 sur papier de Chine, 80 fr. — Nºs 46 à 100 sur papier de Hollande, 60 fr.
Nºs 101 à 300 sur papier vélin, 40 fr.

Publication de la maison A. QUANTIN, 7, rue Saint-Benoît, Paris.

325. RICHARD et **C**ie, imprimeurs. 5, *rue de la Perle*.

Typographie artistique, spécialité de papiers fiduciaires, actions, titres, billets de banque, timbres-poste, etc., filigranes d'art, dessins, gravures, spécimens d'impressions.

326. SOCIÉTÉ ANONYME DE PUBLICATIONS PÉRIODIQUES, imprimeurs-éditeurs. 15, *rue Voltaire*.

Paris, 1878. M. A.

Impressions, dessins et gravures.
Voir classe 27.

327. SOCIÉTÉ DE L'IMPRIMERIE GÉNÉRALE (LAHURE, ALEXIS, directeur), imprimeurs. 9, *rue de Fleurus*.

Impressions diverses en couleur.

328. THÉSÉE (Achille), chimiste. *A Lesneven (Finistère)*.

Chimiste pour la lithographie et la typographie.

329. VALLET, MINOT et **C**ie, imprimeurs-éditeurs. 5, *rue Béranger*.

Chromolithographies.

VINGT-CINQUIÈME CLASSE.

Dessins et modèles des artistes.

330. DELAYE (Victor), dessinateur. 34, *Boulevard de Clichy*.

Paris, 1878. M. A.

Maquette.

331. DUFOUR (Henri-Joseph), dessinateur. 96, *Rue Blanche*.

Projets d'un diplôme.

332. FICHOT (Charles), dessinateur. 39, *rue de Sèvres*.

Un vase pouvant servir de modèle pour l'industrie.

333. MÉRY (Alfred-Émile), artiste peintre. 11, Boulevard de
Puteaux.
Paris 1878. M. A.
Trois modèles et motifs pour panneaux décoratifs.

334. MEZZI (Pierre), peintre décorateur. 66, Rue Rebeval.

Dessins industriels.

335. POTERLET (Henri), dessinateur. Boulevard Voltaire, 112.

Dessins pour papiers peints et ouvrages illustrés.

336. THISSE (Charles), sculpteur. 13, rue de Belleville.

Modèles plâtre, collections, etc.

VINGT-SIXIÈME CLASSE.

Le Livre.

337. ACHAINTRE (Albert), publiciste. 9, Rue de Fleurus.

Gutenberg Journal et spécimens publiés par lui.

338. BASCHET (Ludovic), libraire. 125, Boulevard Saint-
Germain.

Union centrale, 1865. M. et P.

Cadre contenant de la librairie.
Voir classe 27.

339. GAGNON (Henri), librairie, gravures. 39, Quai des
Grands-Augustins.

Librairie, gravures.
Voir classe 27.

340. CANSON, libraire-éditeur, 6, *rue des Beaux-Arts*.

Encyclopédie des arts décoratifs de l'Orient, par E. Collinot et A. d. Beaumont, comprenant : 1° la Perse, 60 pl. : prix : 240 fr. — 2° le Japon, 40 pl. : 130 fr. — 3° la Chine, 40 pl. : 130 fr. — 4° l'Arabe, 40 pl. : 130 fr. — 5° le Vénitien, 40 pl. : 130 fr. — 6° le Turc, 30 pl. : 100 fr.

Par Préziosi. Mœurs et costumes: 7° le Caire, 120 fr. — 8° Stamboul, 180 fr.

Ces huit ouvrages, format grand in-folio, sont imprimés en chromo-lithographie ; plusieurs planches à 10 couleurs rehaussées d'or et d'argent par la maison Lémercier et Cie ; sur les plus belles pâtes des papeteries du Marais et se vendent séparément.

341. CHABERT, livres, albums et cadres, 130, *Rue Mouffetard*.

Paris, 1878. M. H.

Livres, albums et cadres.

342. CHARAVAY frères, libraires-éditeurs, 4, *Rue de Furstenberg*.

Paris, 1878, M. B.

Livres et gravures.
Voir classe 27.

343. CLAESEN (Charles), éditeur. 30, *Rue des Saints-Pères*.

Ouvrages ayant trait aux arts industriels.
Voir classe 27.

344. DELAGRAVE, libraire-éditeur. 15, *rue Soufflot*.

Voir classe 27.

345. DELANGLE, graveur imprimeur. 86, *Rue Notre-Dame-des-Champs*.

Voir classe 27.

346. DUCHER ET Cie, éditeurs-libraires. 51, *Rue des Écoles*.

Librairie, ouvrages d'architecture.
Voir classe 27.

Voir l'annonce illustrée, page ci-contre.

347. FIRMIN-DIDOT Frères, Fils et C¹ᵉ, imprimeurs-éditeurs, 56, *Rue Jacob.*

Publications artistiques.
Voir classes 24 et 27.

348. GAZETTE DES BEAUX-ARTS, 8, *Rue Fa-vart.*

Tableaux et volumes.
Voir classe 27.

349. GERMER BAILLIÈRE et C¹ᵉ, libraires, *Boule-vard Saint-Germain*, 107.

Tableau d'ouvrages illustrés.
Voir classe 27.

350. GHIO, éditeur-libraire. 1, 3, 5 et 7, *Galerie d'Orléans.*

Éditeur de luxe.

351. GODCHAUX et C¹ᵉ, imprimeurs-éditeurs. 10, *Rue de la Douane.*

Londres, 1862. M. d'H. — Paris, 1867. M. O. — Vienne, 1873. M. P. — Philadelphie, 1876. M. H. — Paris, 1878. M. O.

Spécimens mécaniques d'impressions.
Voir classe 24.

352. GRUEL et ENGELMANN, libraires-éditeurs, 418, *Rue Saint-Honoré*,

Voir classe 29.

353. JOUAUST, imprimeur-éditeur, 338, *Rue Saint-Honoré.*

Livres imprimés, gravures.
Voir classe 27.
Nombreuses publications d'ouvrages sur la littérature, le théâtre ancien, l'éducation et la piété, richement illustrées.

354. LAPLACE SANCHEZ et Cie, libraires-éditeurs, rue Séguier.

Paris, 1855, M. A. — Paris, 1867, M. B. — Paris, 1878, M. A.

Nombreuses publications d'ouvrages sur la littérature, le théâtre ancien, l'éducation et la piété, richement illustrées.

355. LE DUC (Achille-Jean). 34, *Avenue Saint-Germain, à Puteaux.*

Paris, 1878, M. B.

Comptabilité rationnelle.

356. LEMONNYER (Jules), libraire-éditeur. 53 *bis, Quai des Grands-Augustins.*

Librairie et gravure.

357. MARTIN-BOURSIN, relieur-libraire-éditeur, 44 et 46, *Galerie Vivienne.*

Voir classe 29.

358. MONROCQ (Jean-Noël), éditeur-imprimeur, 3, *Rue Suger.*

Union centrale, 1876. M. A. — Paris, 1878. M. A.

Estampes et motifs pour l'art industriel.
Voir classe 27.

359. LIBRAIRIE Vᵉ A. MOREL et Cⁱᵉ. 13, *Rue Bonaparte,* Paris.

M. O. Exposition universelle, 1867. — Rappel, E. U. 1878.

Architecture, arts décoratifs.

Voir ci-après l'annonce illustrée.

Extrait de la « Porcelaine de Chine »
(Réduction à moitié de la pl. VII.)

360. QUANTIN (Albert), imprimeur, 7, *Rue Saint-Benoît.*

Voir classe 24.

361. ROBUCHON, librairie, photographie. *Fontenay-le-Comte* (Vendée).

362. J. ROTHSCHILD, éditeur, 13, *Rue des Saints-Pères.*

Livres.

363. ROUVEYRE et BLOND, éditeurs. 98, *Rue de Richelieu.*

Librairie.

VINGT-SEPTIÈME CLASSE.

L'image.

364. BASCHET (Ludovic), libraire. 125, *boulevard Saint-Germain.*

Cadre contenant de la librairie.
Voir classe 26.

365. BAUDE (Charles), graveur sur bois, 105, *rue Notre-Dame-des-Champs.*

Voir ci-contre l'annonce illustrée.

GVTENBERG

366. BERTRAND (Arsène Louis), graveur (E.)
Alloncourt.

Livres contenant des gravures.

367. GAGNON (Henri), 39, quai des Grands-Augustins.

Librairie, gravures.
Voir classe 26.

368. CANSON (Ferdinand), libraire-éditeur. 6, rue des
Beaux-Arts.

Encyclopédie des arts décoratifs de l'Orient.
Voir classe 26.

369. CHARAVAY frères, libraires-éditeurs, rue de
Furstenberg.

Livres et gravures.
Voir classe 26.

370. CLAESEN (Charles), éditeur. 30, rue des Saints-
Pères.

Ouvrages ayant trait aux arts industriels.
Voir classe 26.

371. DELAGRAVE, libraire-éditeur. 15, rue Soufflot.

Voir classe 26.

372. DELANGLE, graveur-imprimeur. 86, rue Notre-
Dame-des-Champs.

Voir classe 26.

373. DUCHER ET Cie, éditeurs-libraires, 51, rue des
Écoles.

Librairie, ouvrages d'architecture.
Voir classe 26.

374. DUMONT, graveur et dessinateur. 47, rue Dauphine,
Paris. 1855. M. B. 1878. M. A.

Épreuves de gravures sur bois.

Voir ci-après l'annonce illustrée.

366. BERTRAND (Arsène Louis), graveur (E.)
Alloncourt.

DIVERSES PHASES D'EXÉCUTION D'UNE GRAVURE SUR BOIS :

I. Planche de bois préparée pour le dessin.
II. Dessins sur bois.
III. Photographie sur bois, pouvant dans certains cas remplacer le dessin.
IV. Planche gravée d'après une photographie de Braun et C⁴ (Sculpture de Raphaël, musée de Lille.)
V. Empreinte prise sur la gravure pour faire un cliché.
VI. Cliché en cuivre obtenu par la galvanoplastie.
VII. Épreuve typographique de la gravure.
VIII. Cliché en nickel pour grands tirages. (Timbres-poste, billets de banque, etc.)
IX. Épreuves typographiques de timbres-poste.
X. Épreuves de gravures exécutées pour diverses publications et spécimens de fonds d'actions.

375. FABRE (Théodore), éditeur de gravures, 41, rue de
Trente-Jésuite.

Modèle de dessins pour l'ornementation.

376. PICHOT (Charles), dessinateur, 39, rue de Lyon.

Planches de la *Statistique départementale du département du Lyon.*

377. FIRMIN-DIDOT ET Cie, imprimeurs-éditeurs,
56, *rue Jacob.*

Publications artistiques. — Voir classes 24 et 26.

378. GAZETTE DES BEAUX-ARTS, 8, *rue*
Favart.

Tableaux et volumes. — Voir classe 26.

379. GERMER-BAILLIÈRE ET Cie, libraires,
108, *boulevard Saint-Germain.*

Tableau d'ouvrages illustrés. — Voir classe 26.

380. GOUPIL ET Cie. 9, *rue Chaptal.*

Gravures.

381. GUILMARD, dessinateur-éditeur. 2, *rue de*
Lancry.

Lithographies de meubles et ouvrages sur l'ornementation.
Voir 1er groupe, classe 2.

382. HUOT (Paul-Gustave), graveur héraldiste. 40, *rue*
Vivienne.

Union centrale, 1876. M. B. — *Paris,* 1878. M. B. — *Union cen-*
trale, 1880. M. B.

Épreuves de gravures artistiques et commerciales.

383. IKELMER, fabricant de sphères. 47, *rue des Francs-*
Bourgeois.

Union centrale, 1880. M. O.

Globes terrestres et célestes.

384. JOUAUST, ✳, imprimeur-éditeur, 338, *rue Saint-*
Honoré.

Livres imprimés, gravures.
Voir classe 26.

385. [illegible], [illegible]

386. DEBET, éditeur. Quai de l'Horloge.
[illegible]. Les Oiseaux dans la nature.

387. DEMOINE, éditeur. 23, rue de Douai.
Reproduction en *fac-simile* d'une estampe du xviiⁱᵉ siècle.

388. LEROUX (Eugène). 33, *rue Descartes.*
Planage sur gravures.

389. MARC (Auguste). 13, *rue Saint-Georges.*
Journal l'*Illustration.*

390. MONROCQ (Jean Noël), éditeur-imprimeur. 3, *rue Suger.*
Estampes et motifs d'art industriel. — Voir classe 26.

391. Vᵉ A. MOREL ET Cie, éditeurs. 13, *rue Bonaparte.*
Livres d'art. — Voir classe 26.

392. MORIN et LAZERGES, fabricants d'articles pour artistes. 1, *impasse du Pressoir.*
Châssis et panneaux pour peintres, boîtes, chevalets, etc.

393. MOUCHON, graveur-dessinateur. 220, *boulevard d'Enfer.*
Vienne, 1873. M. M. — Paris, 1878. M. A.
Gravures sur acier, cuivre et bois. — Voir classe 30.

394. PELLICER, peintre. 37, *rue Denfert-Rochereau.*
Dessins pour la librairie.

395. PERIER (Manuel), dessinateur. 174, *Avenue Daumesnil.*
Carte murale peinte.

396. PETIT et Ciᵉ, héliograveurs. 8, *boulevard de Vaugirard.*
Gravures.
Voir classes 24 et 30.

ATELIER DE

DESSINS & GRAVURES

POUR

la reproduction d'après nature, croquis ou photographie

de la Mécanique générale, Appareils électriques, scientifiques et industriels et de l'Art décoratif.

ILLUSTRATIONS D'OUVRAGES SCIENTIFIQUES

GRANDS DESSINS AU LAVIS

Noirs ou en couleurs, à effet perspectif, pour Expositions et Concours
Mise en perspective de tous travaux : Architecture, Mécanique

398. ROSE (Victor), dessinateur graveur. 35, *boulevard des Capucines.*

Dessins et gravures sur bois et papiers clichés typographiques.

399. SOCIÉTÉ ANONYME DE PUBLICATIONS PÉRIODIQUES, imprimeurs-éditeurs. 13, *quai Voltaire.*

Impressions, dessins, gravures. — Voir classe 24.

400. TUCK et fils, éditeurs à *Londres.* Représentant à Paris, M. Véal, 248, *rue de Rivoli.*

Oléographe et chromos.

401. BEZAULT (Joseph), fabricant de papiers peints. 45, rue de Picpus.

Londres, 1862. M. H. — Paris, 1867. M. O. — 1878. M. O.

Papiers peints pour tentures.

402. CROISSANT, fabricant de papiers peints. 55, rue Picpus.

403. DANOIS, fabricant de papiers peints. 18, rue Érard, Paris.

Papiers peints pours tentures. Articles riches.

404. FOLLOT (Félix), fabricant de papiers peints. 8, rue Beccaria.

Papiers veloutés et unis.

405. GILLOU et fils, fabricants de papiers peints. 9 et 71, Passage Charles-Dallery, à Paris.

Exposition universelle de 1867. M. O. — Croix de chevalier de la Légion d'honneur pour M. Gillou. — *Exposition universelle de 1878.* M. O. — Croix de la Légion d'honneur pour M. Gillou. — *Exposition de Vienne de 1873.* — Croix de François-Joseph pour M. Gillou. — *Exposition de Melbourne de 1880.* Premier ordre de mérite.

406. JOUANNY, fabricant de papiers peints. 70-72, faubourg du Temple.

Papiers peints et papiers de tenture.

407. LE MARDELÉ et Cⁱᵉ. Papiers peints. 115, faubourg Saint-Antoine.

408. TURQUETIL, fabricant de papiers peints. 208, boulevard Voltaire.

409. AMAND, relieur, 11, rue de l'Ancienne-Comédie.

Livres.

410. BRELMER et C°, fabricants de boîtes et machines, 60, quai Jemmapes.

Machines à coudre les livres au fil de fer.

411. GRUEL et ENGELMANN, relieurs, 418, rue Saint-Honoré.

Reliures de livres.
Voir classe 26.

412. GRUMEL (F. R.), fabricant d'albums et maroquinerie, 5 bis, boulevard Saint-Denis.

413. JEENER, 76, faubourg Saint-Martin.

Albums et livres de messe.

414. MARIUS-MICHEL et fils, relieurs-doreurs, 15, rue du Four-Saint-Germain.

Paris, 1878. M. O.

415. MARTIN-BOURSIN, relieur-libraire-éditeur, 45 et 45, Galerie Vivienne.

Voir classe 26.

416. PARISOT, relieur-doreur, 12, rue Vavin.

Paris, 1878. M. B.

Maison fondée en 1850 pour les reliures liturgiques de piété, communion, corbeille de mariage et reliure d'amateurs.

417. PINAU, 3, rue Christine.

Paris, 1878. M. A.

Orfèvrerie et bijouterie appliquées à l'ornementation du livre.

418. E. QUINET, relieur et doreur, 51, rue Galande, et 10, rue Domat. Maison fondée en 1842.

La maison se distingue par son goût artistique, ses riches dorures, ses créations nouvelles d'ornements et par la reproduction de reliures anciennes. La souplesse, la solidité, l'élégance président à tous ses travaux.

Voir l'annonce illustrée ci-contre.

Dessin de reliure.

La photographie.

419. AILLAUD (Louis), artiste peintre-photographe. Albi (Tarn).

Un album comprenant 97 planches en phototypie représentant la cathédrale d'Albi.

420. ARENTS (Pierre), héliographe. 13, *Rue Tournefort.*

421. AUDOUIN. 5, *Cité Bergère.* — Paris, 1878. M. B. — Melbourne, 1880. M. H.

Ébénisterie et articles pour photographie.

422. AUBRY (Émile), phototypiste. 69, *Rue d'Angleterre.* Bruxelles (Midi).

423. BALAGNY (Georges). 41, *Rue Sâlneuve.*

Photographies.

424. BERTHAUD frères, photographes. 9, *Rue Cadet.* Paris, 1878. M. A.

Impressions photographiques inaltérables aux encres grasses.

425. BRAATZ, photographe. Stettin (Allemagne) et à 10, *Rue Notre-Dame-des-Victoires.*

Cadres de photographies.

426. BRAUN et Cⁱᵉ, photographes. 13, *Avenue de l'Opéra.*

427. [illegible], galerie photographique, [...]
[...] national.
[...] expose, 1875 M. D. — Paris, 1876.

428. CREMIÈRE, photographe. 9, boulevard [...]
dinomes et photographies. [...]

429. DESVIGNES, photographe. *Clamecy (Nièvre)*.
Deux albums photographiques.

430. DREYFUS (Georges). *Faubourg Poissonnière, 65.*
Photo-peintures. reproduction des tableaux modernes sur bois et tissus.
Voir 1er groupe, classe 7.

431. DURANDELLE (Louis-Émile), photographe. 4,
faubourg Montmartre.

432. ERMAKOFF, *rue du Palais, à Tiflis (Caucase).*
Photographies : paysages, architecture, costumes et objets divers de
Tiflis.

433. FEILNER (Jean-Baptiste), photographe. *Bremen (Alle-*
magne).

434. FLEURY HERMAGIS (Jules), opticien. 18, *Rue*
de Rambuteau.
Paris, 1855. M. B. — Paris, 1867. M. A. — Londres, 1873. M. B.
— Paris, 1878. M. A. — Union centrale, M. A.
Photographies obtenues par ses instruments.

435. FOUQUET, fabricant de stéréoscopes. 119, *Rue*
Oberkampf.
Paris, 1878. M. B.

436. GILLOT. 79, *Rue Madame.*
Photogravure.
Voir classe 24.

437. GORDES. 47, *Rue Condorcet.*
Paris, 1878. M. B.
Photographies et papiers photographiques préparés.

10.

439. GOUIN (M.), photographe. 60, *Rue du Château-d'Eau*.
Paris, 1867. M. H. — Paris, 1878. M. H.

440. GRASSIN (Charles). *Rue Beaurepaire*, Boulogne-sur-Mer (Pas-de-Calais).
Photographies instantanées.

441. HAUGUET (Jules). 40, *Rue de Laval*.
Un cadre de photographies.

442. IMBRYCZEK. 12, *Rue Houdard*.
Papeterie et photographie.
Voir classe 23.

443. JOUET (Eugène). 6, *Avenue Ruysdaël*.
Vues photographiques.

444. JULIEN-LAFERRIÈRE. 27, *Rue du Duc* (la Rochelle).
Paris, 1878. M. H.
Album d'héliogravures.

445. LAMPUÉ (Pierre), photographe. 71, *Boulevard du Port-Royal*.
Photographie d'après la *Patrie en danger*, de Rude.

446. LECADRE et Cie, photographes-éditeurs. 56, *Rue La Rochefoucauld*.
Photographie.

447. LEFMAN, photograveur. 57, *Rue d'Hauteville*.
Gravures pour impressions diverses obtenues par la photographie.
Voir classe 24.

448. LEMERCIER et Cie, imprimeurs-lithographes. *Rue de Seine*.
Photoglyptie, photogravure, essais en phototypie.
Voir classe 24.

449. J. LÉVY, éditeur photographe. 113, *boulevard Sébastopol*.
Vienne, 1873. M. H.

451. LOYER, dessinateur. 10, *Rue de Paradis-Poissonnière.*
Reproductions photographiques des dessins industriels. — 1, 2, 3...

452. LUTTRINGER, fabricant d'encadrements. 35, *rue de la Dune.*

453. MAGNIER (Armand). 11, *Rue des Juifs.*
Appareils photographiques.

454. MARCONI (Gonderio), photographe. 30, *Rue de Potier* (Bruxelles).

455. MARTIN (Hippolyte), ébéniste. 45 et 47, *Rue Lacé-pède.*
Appareils pour la photographie.

456. MICHELET, photograveur. 76, *Rue de Rennes.*
Clichés sur zinc et sur cuivre pour la typographie.
Voir classe 24.

457. MORIZET (Émile). 60, *Rue Tiquetonne.*
Paysages en photographie.

458. MOUCHON, graveur-dessinateur. 220, *Boulevard Enfer.*
Gravures sur acier, cuivre et bois.
Voir classe 27.

459. NEURDEIN, photographe. 18, *Boulevard Sébastopol.*
Paris, 1878. M. A.
Un cadre de vues photographiques.

460. NICOLLE. 250, *Rue de Rivoli.*
Appareils photographiques.

461. [illegible] (Auguste) [illegible] Boulevard [illegible]
[illegible] (Rue de Paris).
Paris, 1878. M. H.

462. PETIT ET C°. 9, *Boulevard de Vaugirard.*

Clichés typographiques.
Voir classes 24 et 27.

463. PIROU (Eugène), photographe. 5, *Boulevard Saint-Germain.*

Cadres avec photographies.

464. PRAZMOWSKI (Adam). 1, *Rue Bonaparte.*
Paris, 1878. M. O.

Objectifs et photographies.

465. QUINSAC (André), *Toulouse* (Haute-Garonne).
Paris, 1878. M. O.

Phototypie.

466. RAVET (Ernest). *A Surgères* (Charente-Inférieure).
Paris, 1878. M. A.

Photomicrographies.

467. RÉBO DES MONTIFS. 83, *Avenue de Wagram.*

Photographies peintes à l'huile et portraits peints à l'huile.

468. REUTLINGER, photographe. 21, *Boulevard Montmartre.*

469. ROBUCHON. *Fontenay-le-Comte* (Vendée).

Librairie, photographies.

470. ROCHES (Hippolyte), photolithographe. 4, *Rue du Mont-Valérien* (Saint-Cloud).

Épreuves aux encres grasses.

471. SAINT-MARTIN (Alexandre). 12, *rue Joubert.*
AGENT DE { *Cameron-Amberg et C°.* Meubles à tiroirs classeurs.
{ *Mackinnon Pen C°.* Plumes à réservoir d'encre.

473. SCHAEFFENBERG, ...

Paris, 1878. M. B. — *Union centrale*, 1880. M. A.

Papiers, photographiés et appareils pour la photographie.

474. SERENA (Mme Carla). *9, rue Monsigny.*

475. THURY et AMEY. *Plainpalais Genève (Suisse).*

Appareil obturateur pour photographies instantanées.

476. TRUCHELUT et VALKMAN, photographes. *16, Rue de Lancr.*

Paris, 1878. M. B.

Reproductions photographiques et phototypiques.

477. VAN BOSCH, photographe. *35, Boulevard des Capucines.*

FABRICANTS DE FLEURS ARTIFICIELLES

478. COCHE-BERGANT, Fabricant de fleurs. *12, rue Saint-Pierre.*

479. GOSRE-PERIER, fleuriste. *178, rue du Temple.*

Fleurs.

480. LE TRAON et Cⁱᵉ, Fabricant de fleurs. *18, avenue de l'Opéra.*

481. RABOTEAU (Georges), fabricant de fleurs et feuillages. *82, boulevard Sébastopol.*

Fleurs et plantes pour décoration d'appartement.

482. BRANTZEN, Fleurs et feuillages artificiels, [...] rue des Petites-Écuries.

483. GERMAIN (Léon), Fleurs décoratives, 2[...], *Saint-Denis.*

484. LÉON, Fleurs artificielles, 15 bis, *rue Sainte-Anne*

TABLE ALPHABÉTIQUE

DES

NOMS DES EXPOSANTS

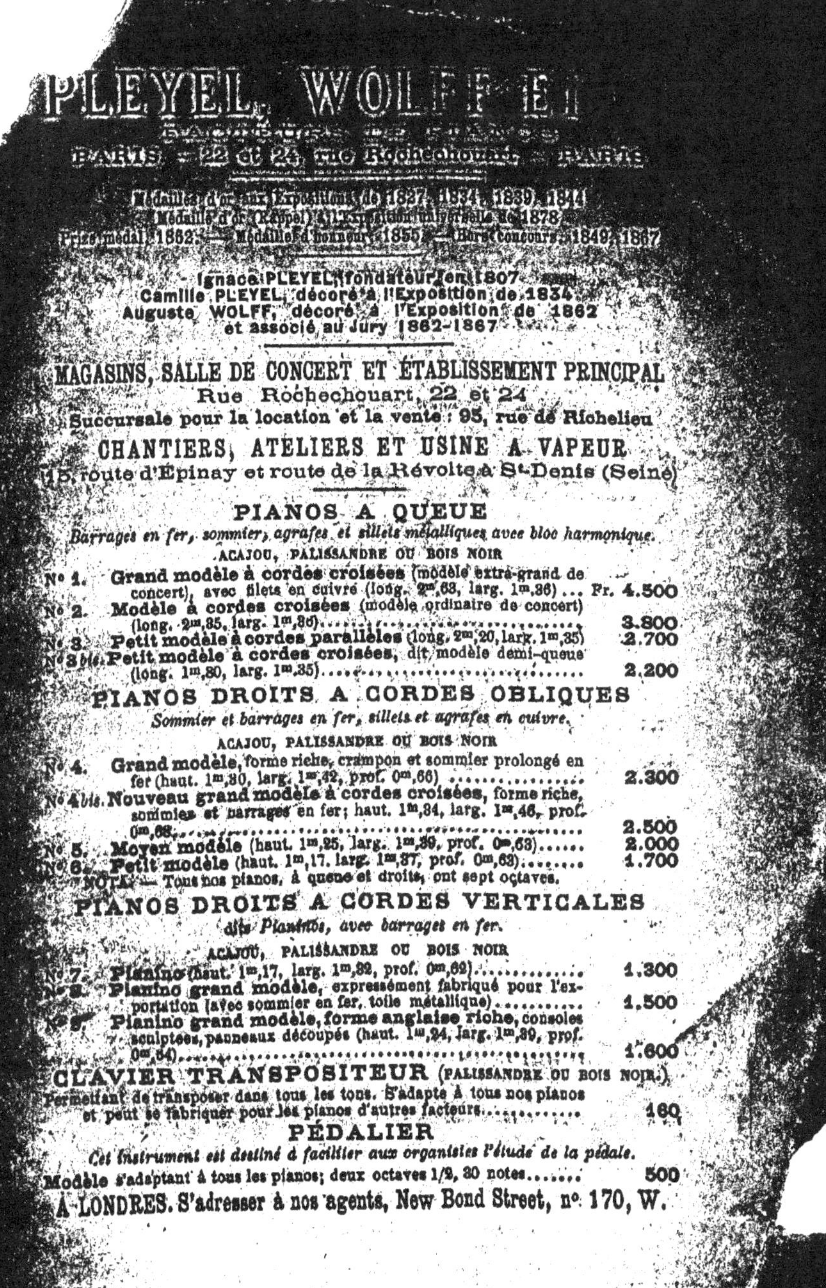

PLEYEL, WOLFF E T
FACTEURS DE PIANOS
PARIS — 22 et 24, rue Rochechouart, — PARIS

Médailles d'or aux Expositions de 1827, 1834, 1839, 1844
Médaille d'or (Rappel) à l'Exposition universelle de 1878
Prize medal 1862. — Médaille d'honneur 1855 — Hors concours 1849, 1867

Ignace PLEYEL, fondateur en 1807
Camille PLEYEL, décoré à l'Exposition de 1834
Auguste WOLFF, décoré à l'Exposition de 1862
et associé au Jury 1862-1867

MAGASINS, SALLE DE CONCERT ET ÉTABLISSEMENT PRINCIPAL
Rue Rochechouart, 22 et 24
Succursale pour la location et la vente : 95, rue de Richelieu
CHANTIERS, ATELIERS ET USINE A VAPEUR
15, route d'Épinay et route de la Révolte à St-Denis (Seine)

PIANOS A QUEUE
Barrages en fer, sommier, agrafes et sillets métalliques avec bloc harmonique.
ACAJOU, PALISSANDRE OU BOIS NOIR
No 1.   Grand modèle à cordes croisées (modèle extra-grand de
          concert), avec filets en cuivre (long. 2m,63, larg. 1m,36) ... Fr. 4.500
No 2.   Modèle à cordes croisées (modèle ordinaire de concert)
          (long. 2m,35, larg. 1m,36) 3.800
No 3.   Petit modèle à cordes parallèles (long. 2m,20, larg. 1m,35)   2.700
No 3 bis. Petit modèle à cordes croisées, dit modèle demi-queue
          (long. 1m,80, larg. 1m,35) 2.200

PIANOS DROITS A CORDES OBLIQUES
Sommier et barrages en fer, sillets et agrafes en cuivre.
ACAJOU, PALISSANDRE OU BOIS NOIR
No 4.   Grand modèle, forme riche, crampon et sommier prolongé en
          fer (haut. 1m,80, larg. 1m,42, prof. 0m,66) 2.300
No 4 bis. Nouveau grand modèle à cordes croisées, forme riche,
          sommier et barrages en fer; haut. 1m,84, larg. 1m,46, prof.
          0m,68 ....   2.500
No 5.   Moyen modèle (haut. 1m,25, larg. 1m,39, prof. 0m,63) 2.000
No 6.   Petit modèle (haut. 1m,17, larg. 1m,37, prof. 0m,63) 1.700
NOTA. — Tous nos pianos, à queue et droits, ont sept octaves.

PIANOS DROITS A CORDES VERTICALES
dits Pianinos, avec barrages en fer.
ACAJOU, PALISSANDRE OU BOIS NOIR
No 7.   Pianino (haut. 1m,17, larg. 1m,32, prof. 0m,62) 1.300
No 8.   Pianino grand modèle, expressément fabriqué pour l'ex-
          portation (avec sommier en fer, toile métallique) 1.500
No 9.   Pianino grand modèle, forme anglaise riche, consoles
          sculptées, panneaux découpés (haut. 1m,24, larg. 1m,39, prof.
          0m,64) 1.600

CLAVIER TRANSPOSITEUR (PALISSANDRE OU BOIS NOIR.)
Permettant de transposer dans tous les tons. S'adapte à tous nos pianos
et peut se fabriquer pour les pianos d'autres facteurs................   160

PÉDALIER
Cet instrument est destiné à faciliter aux organistes l'étude de la pédale.
Modèle s'adaptant à tous les pianos; deux octaves 1/2, 30 notes........   500

A LONDRES. S'adresser à nos agents, New Bond Street, no 170, W.